# TRABALHO E CIDADANIA:
## produção e direitos na crise do capitalismo global

EDITORA AFILIADA

**Dados Internacionais de Catalogação na Publicação (CIP)**
**(Câmara Brasileira do Livro, SP, Brasil)**

---

Cocco, Giuseppe
    Trabalho e cidadania : produção e direitos na crise do capitalismo global / Giuseppe Cocco. — 3. ed. — São Paulo : Cortez, 2012.

    Bibliografia.
    ISBN 978-85-249-1867-4

    1. Capitalismo 2. Produtividade do trabalho 3. Relações econômicas internacionais 4. Trabalho I. Título.

12-00786
                                  CDD-331.118

---

**Índices para catálogo sistemático:**

1. Produção e direitos na crise do capitalismo global : Trabalho e cidadania : Economia   331.118

Giuseppe Cocco

# TRABALHO E CIDADANIA:
## produção e direitos na crise do capitalismo global

3ª edição

TRABALHO E CIDADANIA: produção e direitos na crise do capitalismo global
Giuseppe Cocco

*Capa*: Ramos Estúdio
*Preparação de originais*: Solange Martins
*Revisão*: Jaci Dantas
*Composição*: Linea Editora Ltda.
*Coordenação editorial*: Danilo A. Q. Morales

Nenhuma parte desta obra pode ser reproduzida ou duplicada sem autorização expressa do autor e do editor.

© 2000 by Giuseppe Cocco

Direitos para esta edição
CORTEZ EDITORA
Rua Monte Alegre, 1074 – Perdizes
05014-001 – São Paulo – SP
Tel.: (11) 3864-0111   Fax: (11) 3864-4290
e-mail: cortez@cortezeditora.com.br
www.cortezeditora.com.br

Impresso no Brasil – julho de 2012

Para Barbara

# Sumário

Apresentação .................................................................... 9

Introdução à 3ª edição ...................................................... 13

Introdução ........................................................................ 55

**CAPÍTULO I** — A crise financeira global ............................ 61
    Introdução ..................................................................... 63
    Entre os buracos negros da financeirização e a crise
        do Estado nacional ..................................................... 66
    A financeirização como ditadura do capital "fictício"
        sobre o capital "real" .................................................. 71
    O Estado contra o capital fictício? ................................ 84

**CAPÍTULO II** — Fordismo e pós-fordismo: algumas
    referências conceituais ................................................. 97
    Introdução ..................................................................... 99
    A crise dos modelos desenvolvimentistas e corporativos .. 102
        *Intervencionismo estatal e regulação keynesiano-fordista* . 103
        *Corporativismo fordista e corporativismo periférico* ........... 107
        *Ter direito aos direitos* ................................................... 116

A crise do Estado-crise e suas interpretações .................... 118

*A crise do fordismo* ........................................... 120

*Alcançando os paradigmas sociais do pós-fordismo* ........ 127

**CAPÍTULO III — O pós-fordismo: a nova qualidade do trabalho vivo** .................... 135

Crise do fordismo, descentralização e subjetividade operária ........................ 137

As empresas-redes e as redes de integração virtual .......... 140

Trabalho imaterial e *general intellect* ........................ 146

A recomposição do fazer e do agir ........................ 152

Cooperação, subsunção real e tautologia...................... 158

**CAPÍTULO IV — A produção da cidade e a cidade como lugar de produção** .................... 163

Introdução........................................... 165

Do mosaico ao arquipélago ............................... 166

De Chicago para Los Angeles: a cidade policêntrica ......... 171

Dos limites das abordagens neoindustriais ................. 177

A cidade, novo espaço de trabalho imaterial.................. 189

Conclusões ........................................... 195

Bibliografia ........................................... 209

# Apresentação

*José Paulo Netto*

Este é o terceiro livro que o dr. Giuseppe Mario Cocco, professor titular do Departamento de Métodos e Técnicas da Escola de Serviço Social da Universidade Federal do Rio de Janeiro, publica em português.

Italiano por nascimento e formação universitária, francês por estudos de pós-graduação e práticas acadêmicas, Giuseppe Mario Cocco já é cidadão do mundo — e não somente por ter escolhido estes nossos tristes trópicos para a sua aventura existencial e intelectual (sabe-se lá por que um jovem pesquisador de futuro, com artigos editados em coletâneas e revistas do chamado Primeiro Mundo, decide-se por arribar ao Pindorama...). É cidadão do mundo pelas suas preocupações teóricas e pelas suas inclinações políticas: filia-se ao que ele mesmo reivindica ser a *teoria crítica* (neste ponto, bastante haveria que esclarecer, posto que só muito mediatamente aquela destilada pela "escola de Frankfurt") e se situa como legatário da *esquerda pós-68* — e é bem provável que as incidências do pensamento mais recente de Antonio Negri sinalizem emblematicamente o espaço teórico-político onde se move Giuseppe Mario Cocco.

O perfil do nosso autor, ouso afirmá-lo, aparece inteiro neste denso, rico e problematizante (e também problemático) ensaio que agora se dá a público. Trata-se de um pensador que enfrenta corajosamente a complexa conjuntura de transição do mundo contemporâneo: firmemente ancorado na herança da Modernidade, ele se dispõe a combater as falácias da pós-modernidade sem renunciar à incorporação do que lhe parece ser a travessia para uma nova idade sociocultural; refutando a retórica do "fim do trabalho", não hesita em desenvolver as chaves heurísticas que derivam da tese da emergência do "trabalho imaterial"; recusando a ideologia do "fim da história", busca — com inegável rigor — desvendar a negação da factualidade presente que estaria contida em antagonismos sociais menos visíveis e epidérmicos.

Ao longo das páginas que aqui se oferecem ao leitor (e que requisitam uma reflexão intensiva, já que a elas seja estranho qualquer facilitismo de agitação barata), Giuseppe Mario Cocco vai tecendo uma crítica da ordem estabelecida em que esses vetores articulam uma perspectiva de análise discretamente inclusiva: o mote do pós-fordismo propicia-lhe uma revisitação original do Estado de bem-estar social e seus suportes (econômico-políticos), permite-lhe um questionamento pertinente da teoria social e da cultura próprias do segundo pós-guerra, dá-lhe a oportunidade para retematizar o conservadorismo que se oculta [?] no neoliberalismo e abre-lhe a alternativa para arguir as metamorfoses da topologia urbana. E tudo isso no âmbito de uma posição de esquerda que, procurando demarcar-se suficientemente da tradição bolchevique ["leninista"?] e dos veios social-democratas [o "socialismo democrático"?], reivindica insistentemente o estandarte libertário e emancipatório.

O leitor destas páginas brilhantes, nas quais a severidade da prosa é compatível com a contundência da argumentação e da crítica, deparar-se-á com um investigador extremamente atualizado, que controla informações e análises recentes e inovadoras. E terá à sua frente um intelectual teoricamente qualificado, capaz de dialogar competentemente com a tradição marxista, com a vertente de Frankfurt, com o neomarxismo, mas ainda com muitos outros economistas, geógrafos, sociólogos e filósofos (até mesmo alguns brasileiros ilustres) que estão no cerne do debate contemporâneo.

O leitor deste livro, em suma, terá diante de si um daqueles ensaios que — seja-me permitida a velha expressão vernácula — *enchem os olhos* dos que, nos confrontos de ideias, procuram mais hipóteses fecundas de investigação do que respostas, mais a interlocução polêmica e criativa do que a reiteração do que acreditam ser verdadeiro e/ou válido.

Este livro de Giuseppe Mario Cocco causou-me profunda impressão. Imagine-se um marxista ortodoxo, daqueles que ainda se dispõem a praticar a antiga crítica ontológica da economia política como primeiro e necessário passo para compreender a totalidade social, confrontando-se com o elenco das teses expressas neste ensaio... Mas a qualidade intrínseca do texto, a riqueza argumentativa, o referencial polimórfico — tudo isso não apenas me encantou; mais: obrigou-me a pensar, a repensar, forçou-me à contraprova, levou-me — por ensinar-me tanto — a buscar outras vias para ampliar e tornar mais abrangente a minha reflexão. Estou convencido de que esta é a razão do verdadeiro diálogo intelectual e acadêmico: aprender com e na diferença, sem eludi-la.

Observei que este é o terceiro livro de Giuseppe Mario Cocco. Espero que seja o marco inicial da sua trajetória no interior dos quadros intelectuais e acadêmicos brasileiros — início a que auguro uma continuidade larga e profícua. Tal esperança vai embasada na certeza de que, muito proximamente, Giuseppe Mario Cocco terá amplamente reconhecida entre nós a sua craveira de pensador.

*Recreio dos Bandeirantes, inverno de 1999.*

# Introdução à 3ª edição

Na virada do século, no mesmo momento em que introduzimos o debate sobre o trabalho imaterial, aqui no Brasil, nos Estados Unidos e na Europa foram lançados livros importantes sobre o "novo espírito" do capitalismo[1] e — sobretudo — sobre as dimensões "imperiais" da globalização.[2] Praticamente no mesmo período, a fase de transição — até então definida como pós-fordista — passou a ser enxergada como afirmação de um novo regime de acumulação, dentro do qual o conhecimento passa a ter um papel decisivo:[3] a transição se completou e o novo capitalismo será definido como sendo de tipo "cognitivo".[4] Depois disso, André Gorz, que ainda em 1997 falava de "delírio teoricista"[5] para definir a literatura sobre trabalho imaterial, iria fazer dessa abordagem a referência de seu último livro dedicado às metamorfoses do trabalho.[6] Logo no primeiro parágrafo podemos ler:

---

1. Boltanski, Luc e Chiapello, Ève. *Le nouvel esprit du capitalisme.* Paris: Gallimard, 1999.

2. Hardt, Michael e Negri, Antonio. *Império*. Rio de Janeiro: Record, 2000.

3. Rullani, Enzo. *La fabbrica dell'immateriale*. Roma: Carrocci, 2004.

4. Cocco, Giuseppe et al. (Orgs.). *Capitalismo cognitivo*: trabalho, redes e inovação. Rio de Janeiro: DP&A, 2003.

5. André Gorz. *Misères du présent, richesse du possible*. Paris: Galilée, 1997. p. 71-2.

6. *L'immatériel*. Paris: Galilée, 2003.

"O trabalho de produção material, mensurável em unidades de produto por unidade de tempo, é substituído pelo trabalho dito imaterial, ao qual os padrões de medida clássicos não são mais aplicáveis".[7]

Hoje, o debate sobre trabalho imaterial está na pauta brasileira das pesquisas transdisciplinares sobre o capitalismo contemporâneo.[8] Assim, a publicação da terceira edição de *Trabalho e cidadania*, 13 anos depois do lançamento (em 1999), é uma boa oportunidade para se fazer um balanço das hipóteses teóricas que avançamos naquele momento. O balanço nos parece positivo pelo fato de o livro ter contribuído para introduzir no Brasil um novo léxico e uma nova crítica da globalização na perspectiva das transformações do trabalho: entre as teorias "líquidas" do "fim do trabalho" e aquelas "pétreas" da inquebrantável permanência do "trabalho in-

---

7. Ibid., p. 11.

8. Entre sem-número de livros, artigos, dissertações e teses, citaremos Márcio Pochmann. Transformação do Capitalismo, *Le Monde Diplomatique/Brasil*, São Paulo, ano 5, n. 51, p. 6-7, out. 2011. Silvio Camargo. *Trabalho imaterial e produção cultural*. São Paulo: Anna Blume, 2011, e os artigos e entrevistas publicados na excelente revista *IHU On-Line*, da Unisinos, por exemplo um dos mais recentes: Leonora Corsini. Deslocamentos e transformações no mundo do trabalho e a subjetividade, *IHU On-Line*. Disponível em: <http://www.ihu.unisinos.br>. Acesso em: 5 maio 2011. Podemos também citar os artigos publicados recentemente no *Le Monde Diplomatique Brasil*, em particular Giuseppe Cocco. As biolutas e a constituição do comum, maio 2011, p. 36-7. Ver também César Sanson. *Trabalho e subjetividade*: da sociedade industrial à sociedade pós-industrial. Tese (Doutorado em Sociologia) — Programa de Pós-Graduação em Sociologia, Setor de Ciências Humanas, Letras e Artes da Universidade Federal do Paraná (UFPR), Curitiba, 2009; e Rosana Coelho de Souza, *Raciocina... mas obedece!*: poder e desejo nas relações de trabalho. Dissertação (Mestrado em Psicologia Social e Institucional) — Instituto de Psicologia, Universidade Federal do Rio Grande do Sul, Porto Alegre, 2011. No Brasil é preciso também lembrar as contribuições originais de Marcos Dantas que chegou a esse debate em meados da década de 1990, vide Marcos Dantas. "Capitalismo na era das redes: trabalho, informação e valor no ciclo da comunicação produtiva". In: Helena Lastres e Sarita Albagli (Orgs.). *Informação e globalização na era do conhecimento*. Rio de Janeiro: Campus, 1999. p. 216 a 261.

TRABALHO E CIDADANIA                                                    15

dustrial", apreendemos a centralidade do trabalho renovada por sua transformação. O trabalho continua no cerne das relações sociais de produção exatamente porque ele passou por uma radical metamorfose ontológica. Aquela que definimos como "nova centralidade do trabalho" é o fato de um trabalho completamente "outro", ao mesmo tempo, daquele do qual os críticos e os apologistas da pós-modernidade enxergam o desaparecimento e daquele do qual os saudosistas do projeto moderno afirmam a permanência imutável e até necessária.

Para apologistas e catastrofistas, a condição pós-moderna se traduziria inevitavelmente no fim da história, para o bem ou para o mal: a democracia do capital podendo ser vista como único mundo possível e desejável ou — especularmente — como detestável universo totalitário. Aqui, o determinismo do capital e sua lógica de acumulação constituem um único movimento, um tipo de motor aristotélico imóvel: a ser aceito como destino imutável ou recusado na perspectiva da utopia do evento (e do apocalipse).[9]

Para os críticos, a emancipação dependeria da manutenção do projeto moderno e de seu trabalho assalariado de tipo industrial. Aqui, a perspectiva é aquela da dialética histórica e suas inevitáveis sínteses: o desenvolvimento, seus estágios e "transições" (socialistas e/ou desenvolvimentistas). Nesse terreno, encontramos uma sociologia "marxista" do trabalho transformada em liturgia comemorativa que associa o culto

---

9. Como não lembrar — em contraponto — os trabalhos pioneiros de Fredric Jameson, quando ele escrevia, logo depois da queda do muro de Berlim e da dissolução da União Soviética, que "não é possível, do ponto de vista intelectual ou político, simplesmente fazer apologia ou 'condenar' o pós-modernismo (o que quer que seja isso)". *Postmodernism, or The cultural logic of late capitalism*, (1991). Tradução brasileira: *Pós-modernismo. a lógica cultural do capitalismo tardio*. Tradução de Maria Elisa Cevasco. São Paulo: Ática, 1996. p. 303.

pelas tábuas da "lei do valor" e a retórica do trabalho como valor (transcendente). Aqui encontramos as figuras improváveis de um marxismo reafirmado como se fosse fé, pela negação paradoxal de um dos elementos fundamentais de seu método: a análise da tendência.[10] "Marx — dizia Louis Althusser — pensa o comunismo como uma *tendência* da sociedade capitalista".[11] Negri explicita: "o método é constitutivo na medida em que a luta de classe é constitutiva de antagonismos explosivos (...). Abstração determinada, métodos da *tendência*, nova exposição e deslocamento do campo da investigação: esse dinamismo metódico constitui o universo plural dentro do qual mover-se é arriscado, compreender duro e vencer empolgante".[12]

Ou seja, nas palavras de Antonio Negri, a crítica de Marx à mais-valia é um "dispositivo que reverte a acumulação e a alienação por ela produzidas" em luta pela liberdade.[13] Fredric Jameson chegou a afirmar, seguindo este método, que a vitalidade do marxismo está na sua capacidade de tornar-se pós-moderno: "(...), parece paradoxal celebrar a morte do marxismo com o mesmo fôlego que se celebra o triunfo final do capitalismo. Pois o marxismo é a própria ciência do capitalismo. Sua vocação epistemológica reside em sua inigualável capacidade de descrever a originalidade histórica do capitalismo, cujas contradições estru-

---

10. Vide Negri, Antonio e Hardt, Michael. *Multitude*. New York: Penguin, 2004. p. 146-7. Vide também Antonio Negri. *Marx oltre Marx*. Milão: Feltrinelli, 1979. p. 23.

11. Le marxisme comme théorie "finie" (1978). In: Althusser, Louis. *Solitude de Machiavel. Edition preparée et commentée par Yves Sintomer*. Paris: PUF-Actuel Marx, 1998. p. 285; grifos do autor. Sobre o método marxista, vide também Antonio Negri. *5 lições sobre Império*. Rio de Janeiro: DP&A, 2003.

12. *Marx oltre Marx*, cit., p. 25.

13. Antonio Negri, *D'où venons-nous? — L'origine*, site UniNomade 2.0 (conferência pronunciada em 20ème *Le Monde*, 16 nov. 2008). Disponível em: <http://uninomade.org/da-dove-veniamo-lorigine/>. Acesso em: 13 jul. 2011.

TRABALHO E CIDADANIA

turais fundamentais lhe conferem sua vocação profética e política, que não pode ser distinguida das analíticas. É por isso que, quaisquer que sejam suas outras vicissitudes, *um capitalismo pós-moderno sempre chamará a existir, contra si mesmo, um marxismo pós-moderno*".[14]

Seguindo este método, parece-nos que as análises do pós-fordismo a partir da centralidade renovada do trabalho que se torna imaterial foram duplamente adequadas: anteciparam a mecânica da atual crise do capitalismo global e renovaram o método marxista nos termos que preconizam Althusser e Jameson e, antes deles, o *operaismo* italiano.[15] Aproveitamos a oportunidade para introduzir novamente essas análises e apontar alguns elementos de aprofundamento: discutiremos assim o conceito de bioprodução, a crise do capitalismo cognitivo e o capitalismo cognitivo como crise para, enfim, voltar a problematizar a relação entre "trabalho" e "direitos".

## Trabalho imaterial, valor e bioprodução

A análise das transformações do trabalho nos permitiu apreender a condição pós-moderna como sendo, por um lado, resultado das lutas operárias contra o moderno e sua disci-

---

14. O marxismo realmente existente, inicialmente publicado em *Polygraph 6/7* (1993). In: Jameson, Fredric. *Espaço e Imagem. Teorias do pós-moderno e outros ensaios.* 2. ed. Organização e tradução de Ana Lúcia Almeida Gazzolla. Rio de Janeiro: UFRJ, 1995. p. 92-3.

15. Para uma breve apresentação, vide Giuseppe Cocco. "Introdução" a Antonio Negri e Maurizio Lazzarato. *Trabalho imaterial.* Rio de Janeiro: DP&A, 2000. Vide também Michael Blecher. *Postoperaismo o la trasformazione di capitale e lavoro.* UniNomade 2.0. Disponível em: <http://uninomade.org/postoperaismo-o-la-trasformazione-di-capitale-e-lavoro/>. Acesso em: 25 set. 2011.

plina fabril e, pelo outro, como o novo terreno de luta, ou seja, das lutas de um novo tipo de trabalho: imaterial! Por sua vez, a centralidade do trabalho imaterial é o fato de um duplo movimento: ela diz respeito a um processo de valorização que tende a sair do chão de fábrica e espalhar-se pelas redes sociais de circulação e reprodução, para além da relação salarial; ao mesmo tempo, o trabalho imaterial é resultado da recomposição do trabalho material (manual) de execução com o trabalho (intelectual) de concepção. O trabalho imaterial não é sinônimo nem de trabalho abstrato nem de trabalho intelectual: pelo contrário, trata-se de trabalho vivo, da rearticulação — nos corpos — da mente e da mão. Um trabalho que volta a ser produção concreta de sentidos e que qualifica o processo e valoriza os bens (sejam eles serviços intangíveis ou bens tangíveis).

O trabalho se torna imaterial porque passa a ser produtor direto de valor por meio de suas dimensões biopolíticas. Retomamos ponto a ponto o que acabamos de afirmar: *no capitalismo contemporâneo, o trabalho é imaterial, gerador concreto de valor num contexto biopolítico.*

(i) Trabalho *imaterial*: significa que as atividades que geram valor são aquelas cognitivas, comunicativas, linguísticas e afetivas que formam essa "alma" que o capital precisa fazer baixar no chão de fábrica. Isso não significa que o trabalho material desapareça (embora em algumas regiões do mundo ele tenha encolhido de maneira brutal), mas que o valor que ele gera depende das suas dimensões imateriais, da alma do trabalho encarnada no *corpo* do trabalhador.[16] Temos aqui uma definição

---

16. Quem usou essa metáfora pela primeira vez foram Yves Clot, Jean-Yves Rochex e Yves Schwartz, *Les caprices des flux. Les mutations technologiques du point de vue de ceux qui les vivent.* Matrice, 1990.

das dimensões imateriais do trabalho que indica ao mesmo tempo os novos mecanismos de exploração. Esses se articulam ao longo de dois eixos complementares (embora muitas vezes paralelos) de desvalorização do trabalho material (com os efeitos de deflação salarial emblematicamente comandados pela inclusão de centenas de milhões de trabalhadores chineses na produção global) e de não reconhecimento do trabalho cognitivo. Se abandonarmos as metáforas do trabalho humano como aquela das formigas (ou do "lazer" das cigarras) e desenvolvermos aquela da colmeia, poderemos ver que — além da produção do excedente de mel (inicialmente destinado ao autoconsumo, à criação das rainhas e das futuras abelhas, bem como ao lucro do apicultor), a construção da rede material dos compartimentos da colmeia em cera — é a construção da rede cognitiva do território que serve à colheita do pólen de flor em flor que interessa. A metáfora do trabalho imaterial é aquela de uma sociedade pólen, na qual a geração de valor acontece dentro (no contexto) da aleatoriedade de suas dinâmicas integradas de produção e circulação.[17] O valor é gerado nas relações das abelhas polinizadoras, mas a renda continua atrelada ao trabalho produtor de excedente de mel pela abelha operária.

(ii) O trabalho imaterial é gerador concreto de *valor*: significa que, se o trabalho se torna imaterial, o valor se torna "intangível". Enzo Rullani exemplifica de maneira contundente a mutação por meio da análise da composição do valor dos bens de consumo: "Se uma armação de óculos custa 70 euros ao consumidor final, seu conteúdo material é igual — no máximo — a 7 euros (o valor pago à fábrica do produtor manufatureiro)". Mas não se trata apenas disso. Se o produtor material for chinês, o peso

---

17. Vide Yann Moulier Boutang. *Le capitalisme cognitif*: la nouvelle grande transformation. Paris: Amsterdam, 2007. cap. VII; e Yann Moulier Boutang. *L'abeille et l'économiste*. Paris: Carnets Nord, 2010.

relativo do conteúdo tangível pode cair para 3,5 euros (apenas 5% do valor total). Na direção oposta, se a armação consegue se atrelar a uma *griffe*, seu valor final pode ser multiplicado por dois (140 euros), dando lugar a uma mais-valia incomensurável. Estamos, pois, no âmbito da desmedida. De onde vem esse suplemento de valor para o mesmo objeto de consumo? Com certeza não se trata mais da tradicional extração de tempo de trabalho excedente. Não apenas o conteúdo tangível pesa apenas de 5% a 10% do valor pago pelo consumidor final, como ele gera uma verdadeira "guerra entre os pobres" com o intuito de defender as partes de manufatura (a produção do tangível) que são deslocadas na tentativa de manter o percentual nesse patamar ou de baixá-lo ulteriormente (Rullani, 2004, p. 13-4). Nesse horizonte, as atividades de *world making* se tornam fundamentais. Outros apontam ainda para o fato de que "quando o mercado inclui a diversidade qualitativa das obras humanas e a diversidade qualitativa dos critérios de avaliação, a escolha toma a forma de um julgamento" (Karpik, 2007, p. 58-62), pois estamos falando de "formas de vida". A mobilização da "alma do trabalhador" gera um valor que perde a métrica tradicional, seja ela aquela das unidades de tempo por unidades de produto ou aquela das margens quantitativas de bens produzidos. No capitalismo cognitivo, produzem-se formas de vida por meio de formas de vida. Maurizio Lazzarato fala de produção de "mundos".[18] Se o que se produz é "vida", o valor se define exatamente como um suplemento de vida: não mais um excedente (mensurável) de tempo de trabalho, mas uma *excedência*[19] (des-

---

18. Maurizio Lazzarato. *As revoluções do capitalismo*. Rio de Janeiro: Civilização Brasileira, 2006.

19. A palavra "excedência" não existe em português, mas nos parece a única que traduz "eccedenza" (em italiano) ou "excédence" (em francês), ou seja, os termos que Antonio Negri usa e que nós aproveitamos para marcar a diferença em relação ao conceito de "excedente". Vide Antonio Negri. Lettre à Marie Magdeleine sur la biopolitique (2001). In: Negri, Antonio. *Art et multitude*. Paris: Mille et Une Nuits, 2009. p. 124.

medida) de vida.[20] É aqui, nessa metamorfose, que a progressiva abstração do trabalho (material) e do valor acaba produzindo seu contrário, uma concretude do trabalho (imaterial) que se reapropria da "abstração da mercadoria e do valor".[21] Retomamos a metáfora da sociedade pólen: a análise tradicional do valor (e da inovação) se limita ao *output* de mel que pode ser negociado no comércio e, pois, a uma racionalidade instrumental voltada a um fim (o mel) apropriável sob as formas de direito de propriedade privada ou pública (estatal). O desaparecimento das abelhas, por causa do uso e abuso de pesticidas, mostrou que a polinização é fundamental para a agricultura e também para as florestas "selvagens". Mais do que isso, mesmo calculado em termos de produção agrícola, o valor criado pelo trabalho indireto, imaterial, relacional de polinização é "n" vezes mais importante que o trabalho material (direto) de produção de mel. O trabalho imaterial e relacional de produção por propagação do conhecimento-formas de vida é muito mais produtivo em significação e inovação que o trabalho direto (material) e instrumental de produção de suportes materiais. É isso que acontece nas redes, na telefonia móvel e — de maneira extremamente nítida — na internet: é o trabalho por lista e plataformas de elaboração compartilhada especializada (*Sourceforge*) dos desenvolvedores de *softwares* livres, bem como a atividade dos *click-workers* que podem realizar sua produção com base no *fun* (mistura de prazer, jogo e desafio cooperativo). Atividades em rede que chegam a ser o contexto do próprio trabalho científico para tarefas que seriam muito demoradas, como foi o caso da construção da toponímia dos planetas pela Nasa). Assistimos pois às múltiplas declinações do *peer-to-peer*, segundo os princípios da cognição em redes distribuídas.[22] Mas, quando a rea-

---

20. Sobre a mutação do conceito de trabalho produtivo, vide Carlo Vercellone. Mutations du concept de travail productif et nouvelles normes de répartition. In: Vercellone, Carlo (Org.). *Sommes-nous sortis du capitalisme industriel?*

21. Ibid.

22. Yann Moulier Boutang. *Capitalisme cognitif*, cit.

propriação é travada, a "excedência" aparece como perda de mundo, "excesso" insensato: aquele que — para manter os empregos nas fábricas — engarrafa as estradas das metrópoles ou ameaça o planeta com a multiplicação de centrais nucleares.

**(iii)** Chegamos assim à dimensão *biopolítica* do trabalho imaterial: ela é o fato da recomposição da mente e da mão no corpo do trabalhador que, cooperando com os outros corpos no seio de uma "população", produz vida a partir da vida. Nesse sentido, a *produção* passa a ser uma *geração*. A atividade de polinização aparece como uma multidão de singularidades que cooperam entre si mantendo-se como tais. Mas a polinização não é uma evolução natural. Trata-se de algo artificial e até *contre nature*: interespecífica. A polinização precisa de instituições que reconheçam o compartilhamento comum de uma rede, a rede como *res nullius*: que é de todos e de todas, seja ela a comunidade da Internet ou a Reserva Indígena da Raposa Serra do Sol em Roraima. Ao mesmo tempo, a polinização é o fato de uma atividade — ir de flor em flor — não finalizada onde o *fun* (a felicidade ou o amor como forma superior do conhecimento) é um indicador de valor enquanto construção de sentido, construção de mundo: um suplemento de ser.

Em 1986, em uma de suas conferências proferidas em Tóquio, Claude Lévi-Strauss resumia a mutação civilizatória que enxergava na reestruturação capitalista daquela década nesses termos: ao passo que no mundo industrial, dizia o grande antropólogo, a tendência era transformar os homens em máquinas, no pós-fordismo, a tendência é transformar as máquinas em homens.[23] Nos dois casos, estamos falando de

---

23. Claude Lévi-Strauss. *L'anthropologie face aux problèmes du monde moderne.* Conferências pronunciadas na Fundação Ishizaka de Tóquio (1986). Paris: Seuil, 2011. p. 92-3. Claramente, Lévi-Strauss pensava no papel da automação e dos robôs,

homem-máquina ou, melhor, de um corpo-máquina, só que essa figura da hibridização do homem e da máquina tem significações opostas em função, justamente, do estatuto do trabalho que a envolve e que ela envolve.

Numa direção "industrial", o trabalho vivo (material) é subsumido pelo abstrato, que passa a dominar o concreto da vida: o trabalho morto subsume o trabalho vivo que vira uma engrenagem das maquinarias, bem nos termos da narrativa de Primo Levi sobre a usina que os internados do campo de Auschwitz estavam construindo: "A fábrica é desesperadamente, essencialmente, cinzenta e opaca. (...) Dentro de sua cerca não cresce um fio de grama, a terra está saturada dos resíduos tóxicos de carvão e petróleo, *não há nada vivo, a não ser as máquinas e os escravos, mais vivas aquelas do que estes*".[24] Uma situação extrema, mas paradigmática, como o lema escrito na entrada de Auschwitz: *Arbeit macht frei* (O trabalho liberta). Para que isso aconteça, é preciso que o capital fixo (trabalho cristalizado na maquinaria) se mantenha sempre separado do capital variável (o trabalho vivo). É por meio dessa separação que o capital produz e reproduz sua legitimidade. Isso porque, nessa separação, a desigualdade política oriunda das relações de propriedade (e pois das condições de proletarização dos "não proprietários") se desdobra e requalifica socioeconomicamente em termos de hierarquização das relações de poder e de saber. Tornando-se ciência aplicada à técnica e à produção, o capital fixo se afirma como condição prévia da produção e o tempo de

---

que na época se pensava fossem os elementos de caracterização do modelo toyotista emergente (vide Benjamin Coriat. *La robotique.* Paris: La Découverte/Maspero, 1983). Contudo, sua reflexão é bem mais sutil e de longa duração, pois na realidade envolve a crítica da relação entre cultura e natureza.

24. *É isto um Homem?* Rio de Janeiro: Rocco, 1988. p. 72; grifos nossos.

trabalho subordinado se torna o padrão de valorização. Duas são as consequências dessa capacidade das relações de produção afirmarem sua primazia sobre as forças produtivas: em primeiro lugar, a relação de capital se transforma em condição prévia da produção; em segundo lugar (e por consequência), toda mudança passa a precisar de um período de transição — socialista — que esgote o potencial que as relações de produção capitalista contêm conquanto se tornaram "primeiras", ponto de partida, origem da racionalidade (da ordem e do progresso!).

Como não pensar na fórmula leninista que definia o socialismo como soma de *"soviets*, eletricidade e taylorismo"?![25] O socialismo soviético, como sabemos, começou suas derivas estalinistas exatamente por causa disso, assumindo o progresso como um programa já dado que será implementado pela força: industrialização forçada. A contradição explodiu na gestão da relação entre a cidade e o campo: "os camponeses não aderiram ao progresso prometido pela técnica. A revolução no campo é uma revolução imposta desde acima". O triste resultado é conhecido: fome e terror. É contra essa herança que o *operaismo* italiano teve a lucidez de propor sua inovação teórica e política, exatamente quando Mario Tronti escreveu (ainda em 1966): "A grande indústria e a sua ciência não são o prêmio para quem vence a luta de classes. São o próprio terreno dessa luta".[26] Pouco mais de uma década depois, no meio das lutas semi-insurrecionais do movimento italiano de 1977, Antonio Negri retomava e atualizava essa abordagem,

---

25. Para um aprofundamento, vide Giuseppe Cocco, Democracia e socialismo na era da subsunção real. In: Genro, Tarso et al. *O mundo real*. Porto Alegre: L&PM, 2008.

26. Tronti Mario. Linha de conduta (1966). In: *Operários e capital*. Porto: Afrontamento, 1976. p. 10.

afirmando: "o processo de constituição da independência de classe é hoje (...) processo de separação". Ou seja, as lutas proletárias já estão num terreno de luta que rompe com a dialética do capital.[27] Nas lutas operárias, Negri enxerga a afirmação "sectária (de nossa) condição separada, (...) a diversidade da constituição (proletária)".[28] Na radicalização anticapitalista há uma radicalização da crítica do estalinismo e do socialismo como formas do capital. Aqueles que, do ponto de vista do marxismo tradicional, criticam a perspectiva da separação e da alteridade, explicita Negri, na realidade, "assumem a responsabilidade de participar da monstruosidade do desenvolvimento do 'socialismo' e de seus ilícitos negócios com os mais nojentos aspectos do modo de produção capitalista".[29]

É preciso sempre lembrar que não apenas as monstruosidades da industrialização forçada da União Soviética, mas também e sobretudo o campo de extermínio nazista tem na "fábrica" e, antes dela, na plantação escravocrata moderna, seu modelo e sua origem. Na obra de Primo Levi há páginas e páginas dedicadas a explicitar a relação entre a máquina de extermínio nazista e a lógica da exploração organizada "cientificamente" a partir do paradigma fabril. "Viajamos até aqui nos vagões chumbados; (...) nós, feito *escravos*, marchamos cem vezes, ida e volta, para a nossa *fadiga*, apagados na alma

---

27. Essas lutas eram definidas por Negri e pelo movimento da "autonomia operaia" como lutas de "autovalorização", ou seja, lutas que articulavam a recusa do trabalho subordinado de tipo fabril com formas de cooperação social produtiva oriunda. Negri escrevia: "A autovalorização proletária é força de se separar do valor de troca e capacidade de fundar-se no valor de uso, (no) reconhecimento das dimensões independentes das forças produtivas". *Il dominio e il sabotaggio*. Milano: Feltrinelli, 1978. p. 19.

28. Antonio Negri. *Il dominio e il sabotaggio*. Milano: Feltrinelli, 1978. p. 16.

29. Ibid.

antes que pela morte anônima".[30] Primo Levi nos fala ainda do *"apito* do trenzinho da fábrica, que trabalha dia e noite. Uma longa nota firme, mais baixa de um semitom, logo a primeira nota de novo, mas truncada. Esse apito é importante; é, de certo modo, essencial: tantas vezes já o ouvimos, ligado ao *sofrimento do trabalho* e do Campo, que se tornou seu símbolo, evoca diretamente a ideia do Campo (...)".[31] A narrativa do horror nazista volta continuamente a evocar a fábrica onde ele trabalhava como sendo um Campo produzido pela racionalidade instrumental da grande indústria alemã: "a fábrica estraçalhada jaz sob a primeira neve, silenciosa e rija como um imenso cadáver; cada dia uivam as sirenas do alarme aéreo; os russos já estão a oitenta quilômetros daqui". O Exército Vermelho está chegando, "tudo, ao redor de nós, fala de dissolução, de fim. A fábrica está silenciosa. (...) aguçando os ouvidos percebemos um surdo frêmito subterrâneo: é a frente de batalha que se aproxima". No meio dessa paisagem de morte, as engrenagens do capital morto e mortífero continuam rodando e um "misterioso burocrata alemão que superintende essas coisas autorizou a construção de uma *Zweiplatziges Kommandoscheisshaus,* ou seja de uma latrina de dois lugares (...)".[32]

Na direção atual, pós-fordista e cognitiva, é a vida (o trabalho vivo imaterial) que subsume o abstrato e, dessa maneira, o concreto da vida se torna a base de uma produção biopolítica "ancorada nos corpos e nas relações que eles instauram entre si",[33] ou seja, contexto é a própria população em

---

30. *É isto um homem?*, cit., p. 55; grifos nossos.

31. Ibid., p. 59-60.

32. Ibid., p. 130-40.

33. Antonio Negri. Lettre à Raúl sur le corps. In: A. Negri. *Art et multitude*, cit., p. 108. Aqui Negri está usando o conceito de biopolítica de Michel Foucault e aquele de "agenciamento maquínico" de Deleuze e Guattari.

suas relações — como diria Michel Foucault — com a segurança (governamentalidade) e o território.[34] Aqui, o capital fixo (o trabalho morto) se torna rede articulada com o capital variável, o trabalho vivo se torna produtivo antes e fora da relação de capital. Na articulação entre redes e trabalho singular, o que antes era potência abstrata se torna hoje prótese dos corpos. Esse agenciamento entre os corpos por meio da rede acontece dentro de uma outra dimensão da mobilidade e da flexibilidade: não aquela imposta pelo capital, mas aquela adquirida no êxodo: para fora da prisão que é o chão de fábrica e sua relação salarial (em direção à autovalorização) e para fora do "campo" que é o mercado do trabalho (e dentro dos fluxos das migrações). Nas palavras de Antonio Negri: "O corpo da metamorfose é, pois, aquele que se apropriou da ferramenta, a tornou sua por meio da rede e do êxodo, sob a forma da prótese".[35] Ou seja, no capitalismo cognitivo, o comum constituído entre os corpos pelas redes e no êxodo, se constituiu como condição prévia de toda produção. Isso não significa que o trabalho se libertou e que o capitalismo cognitivo seja portador de uma dinâmica progressiva. Pelo contrário: se o comum é a condição prévia, a acumulação acontece de maneira parasitária, como uma verdadeira acumulação primitiva que renova e propaga as formas mais antigas de capitalismo "mafioso" e de escravidão do trabalho. Mas, ao mesmo tempo, quando esse comum se reconhece dentro do processo de fazer-se, sua constituição não precisa mais de nenhum tipo de "transição", pois a própria produção de valor lhe está atrelada.

---

34. Michel Foucault.

35. Negri, Antonio. Lettre à Raúl sur le corps. In: _____. *Art et multitude*, cit., p. 109.

Acabamos de ver como, na passagem do trabalho material ao trabalho imaterial, acontece a metamorfose completa do próprio conceito de produção. A produção diz respeito à vida e se torna *geração*. Por sua vez, a reprodução — terreno tradicional de geração da vida — torna-se *produção*: é nesse sentido que podemos dizer que o trabalho passa por um devir-mulher. Trata-se de um duplo movimento. Por um lado, a vida — entendida como *bios* (ou seja, como vida social) — se torna imediatamente produtiva. Pelo outro, essa mesma metamorfose se torna o terreno do conflito, mas de outro tipo de conflito entre a nova composição do trabalho que ela supõe (e não mais determina) e o regime de acumulação que passa a explorá-la.

## A crise do capitalismo cognitivo

Os livros e artigos publicados a partir do estouro da bolha imobiliária de 2008 nos Estados Unidos enfatizam a magnitude da crise e a comparam com a Grande Depressão de 1929. "Em alguns meses, escreve André Orléan, antes que a crise se torne crise das dívidas soberanas, todas as estruturas fundamentais do capitalismo financeiro desmoronaram e nossas sociedades devem sua preservação às proteções trazidas em regime de urgência pelos Estados".[36] Fala-se de uma "crise estrutural do capitalismo financeirizado" que "marca o fim de uma época tanto para as 'finanças' quanto para as molas do crescimento dos Estados Unidos".[37] Mesmo quando

---

36. *De l'euphorie à la panique: penser la crise de la finance*. Paris: Ed. Rue D'Ulm, 2009. p. 11. Vide também Johsua, Isaac. *La grande crise du XXIème siècle*. Paris: La deecouverte, 2009.

37. Boyer, Robert. *Les financiers détruiront-ils le capitalisme?* Paris: Economica, 2011. p. 41

apontam para a "prevalência de uma incerteza radical" no que diz respeito à definição das condições de "saída da crise", os economistas — mesmo os mais progressistas — tendem a fechar o horizonte de suas análises sobre a inevitável volta da "ação coletiva dos Estados e dos governos".[38] Mesmo quando se prevê a sobrevida do capitalismo anglo-saxão, admite-se que esse "não será mais o mesmo capitalismo".[39] "A amplitude da crise (...) e as reformas financeiras que os governos concordam em considerar como indispensáveis depois da reunião do G20 em 15 de novembro de 2008 não deixam nenhuma dúvida sobre um ponto crucial: as finanças não sairão da crise como entraram".[40] Três anos depois daquela reunião, nós sabemos que não são apenas as finanças que não sairão iguais a como entraram na crise, mas a economia mundial como um todo, embora a imaginação dos economistas não leve muito além da reciclagem da velha economia do segundo pós-guerra: "A economia do futuro deverá ser explicitamente uma economia mista adaptativa".[41] Esse reformismo aposta no fato de que "(a)s revoltas, a sopa de galinha e as quebras de bancos (não) se materializa(riam)",[42] para vislumbrar a implementação de uma "quarta" etapa do capitalismo.[43] Ora, nós sabemos hoje que são países que estão quebrando e a revolta se manifestou em Londres, na Grécia, em Roma, na

---

38. Ibid., p. 13 e 15.

39. Kaletsky, Anatole. *Capitalism 4.0. The birth of a new economy in the aftermath on crisis.* New York: Publica Affairs, 2010. p. 33.

40. Michel Aglietta e Sandra Rigot. *Crise et rénovation de la finance.* Paris: Odile Jacob, 2009. p. 341.

41. Anatole Kaletsky, em particular o capítulo 3, The Adaptative Mixed Economy, ibid., p. 190 ss.

42. Ibid., p. 1.

43. Esse seria o capitalismo "4.0", depois do capitalismo concorrencial (1.0), do capitalismo fordista-keynesiano (2.0) e neoliberal-cognitivo (3.0).

Espanha e agora nos Estados Unidos, a partir do movimento "Occupy Wall Street".

Na realidade, com a crise, um mundo se acabou e ninguém sabe mais como será o "novo".[44] Longe de ter definido o horizonte de um *New Deal* ou o caminho de uma "saída", os trilhões de dólares despejados em 2008 e 2009 para evitar o colapso do crédito mundial levaram para mais um episódio da crise do capitalismo global, aquele das dívidas soberanas dos Estados Unidos e da União Europeia. Mobilizando a antecipação poética de Haroldo de Campos, podemos dizer que no "mundo contábil" da economia neoliberal, esse "ecúmeno de ecônomos" povoado por "economistas e atuários", os "banquiplenos (se tornaram) banquirrotos".[45] Mais prosaicamente, a própria dinâmica da crise nos mostra que as finanças não são o fruto de nenhum desvio ou esfera fictícia. Pelo contrário, elas constituem hoje o próprio modo de ser do capitalismo cognitivo e é por isso que a crise financeira logo se desdobrou em crise econômica e hoje se apresenta como crise sistêmica. A "ficção" não diz respeito às finanças em si, mas à ilusão de que elas poderiam ser capazes de assegurar uma "regulação" do regime de acumulação cognitiva do capitalismo global. Em 1999, André Orléan falava da expansão fulgurante das finanças como de uma "verdadeira revolução".[46]

---

44. Para uma reflexão adequada sobre a crise, vide Andrea Fumagalli e Sandro Mezzadra (Orgs.). *A crise da economia global. Mercados financeiros, lutas sociais e novos cenários políticos*. Rio de Janeiro: Civilização Brasileira, 2011.

45. Estamos usando livremente a bela poesia de Haroldo da Campos, "circum-lóquio (*pur troppo non allegro*) sobre o neoliberalismo terceiro-mundista", *Entremilênios*, organizado por Carmen de P. Arruda Campos. São Paulo: Perspectiva, 2009. p. 83.

46. *Le pouvoir de la finance*. Paris: Odile Jacob, 1999. p. 259.

A centralidade das finanças no capitalismo contemporâneo pode ser apreendida em três dimensões. Em primeiro lugar, as finanças constituem o regime de governança do capitalismo global. Sua expansão desregulada e "derivativa" permitiu aumentar os lucros diante da estagnação dos ganhos de produtividade (ou seja, do tempo da produção mensurada segundo a métrica industrial) e equilibrar o descompasso estrutural que caracteriza o regime de acumulação cognitivo: com efeito, o trabalho colaborativo em rede implica a expansão sistemática da gratuidade, num regime de "saque e dádiva", que não pode ser mensurado e constituiu um efetivo quebra-cabeça para a construção de novos modelos de negócio e acumulação a partir das redes. Chegamos, na sequência, à segunda dimensão: no capitalismo contemporâneo, a relação salarial foi substituída pela relação de *débito* e *crédito* e por isso as finanças desempenham um papel decisivo não apenas na formação do investimento e da renda, mas também no próprio processo de acumulação. O fato de a relação salarial (capital-trabalho) ser substituída pela relação de débito-crédito implica uma revolução cuja mecânica é o contrário do que diziam os que viam nesses fenômenos crescimento de uma esfera fictícia separada da economia real. "A relação de crédito-débito preexiste à configuração propriamente monetária e até excede estruturalmente a dimensão puramente econômica da gestão dos pagamentos e de seus prazos".[47] Isso porque nessa relação se constitui não apenas o econômico (a estruturação das trocas), mas também o político, ou seja, a possibilidade de uma vida comunitária. No cerne da relação de crédito e débito temos, pois, a *confiança*, com as dimensões

---

47. Mario Amato. *Le radici di una fede. Per una storia del rapporto fra moneta e credito in Occidente*. Milano: Mondadori, 2008. p. 17.

jurídicas (obrigações) e religiosas (a fé, e seus juros) que nela se encontram.[48]

Por um lado, o lucro e a acumulação se transformam em *rente* (produzidos em geral por ganhos derivados de ativos rentistas, sejam eles financeiros ou imateriais: patentes, propriedade intelectual ou ativos imobiliários ligados à renda urbana).[49] Por outro, assistimos a um devir-renda dos salários: o trabalho passa a ser cada vez mais composto de um conjunto de fontes diversificadas: no marco de uma crescente fragmentação e precarização, a remuneração salarial do trabalho se articula com uma multiplicidade de formas — transferências monetárias, contratos por projetos — que encontram sua curva de estabilidade na expansão sistemática do crédito. Lembremos, a mecânica da crise de 1929 tinha seu cerne na relação salarial: os operários norte-americanos não tinham níveis de salário reais que lhes permitissem tornarem-se consumidores dos bens (em particular dos bens de consumo duráveis) que eles mesmos produziam (em massa) nas grandes fábricas tayloristas. Assim, a mais-valia relativa gerada pela organização científica do trabalho não conseguia se validar enquanto lucro, ao passo que o "pânico" sistêmico acabou sendo a consequência paradoxal da *sobreprodução*, gerando a miséria na riqueza! A crise de 2008 (dos mercados imobiliários dos Estados Unidos) tem como mecanismo o fato de que os trabalhadores "sociais" não têm renda suficiente para pagar as dívidas que contraíram para investir em sua "empregabilidade", chamada de "capital" social, intelectual ou humano. Ora,

---

48. Ibid., p. 20.

49. Sobre o tornar-se renda do lucro, vide Carlo Vercellone. *A crise da lei do valor e o tornar-se rentista do lucro*; e Antonio Negri, Pósfacio. In: Andrea Fumagalli e Sandro Mezzadra (Orgs.), cit.

esse "capital" é na realidade um trabalho vivo (capital variável) que passa cada vez mais a integrar nele mesmo o trabalho morto (capital fixo).

A transformação das máquinas em homens que Claude Lévi-Strauss entreviu acontece como mistura de capital fixo e capital variável. Essa mestiçagem corpo-máquina, de capital variável e capital fixo, depende dos níveis de conexão do trabalho vivo às redes metropolitanas de moradia e de serviços de saúde, educação, comunicação. Laymert Garcia dos Santos afirma que "(...) as relações de implicação entre homens e máquinas, seres vivos e seres inanimados são tantas e de tamanha envergadura que a própria natureza humana parece posta radicalmente em questão".[50] Como Herrera e Vercellone apontam, "os saberes vivos da intelectualidade difusa não podem hoje em dia ser 'despossuídos' por meio de um aprofundamento da divisão *smithiana* do trabalho".[51] Isso porque "a oposição tradicional trabalho morto/trabalho vivo, típica do capitalismo industrial, deixa lugar a uma nova forma de antagonismo, aquela entre o 'saber morto' do capital e o 'saber vivo' do trabalho".[52] O capital só pode capturar uma cooperação que tende a ser "autônoma" e, pois, um valor que responde mais à práxis da "autovalorização" do trabalho vivo do que à lógica da valorização do saber morto.

A "lei do valor" não tem mais legitimidade e passa a vigorar com base no valor (força) da lei, como acumulação parasitária organizada por meio da implementação de novas *enclosures*: patentes, privatização dos serviços, desmonte do

---

50. *Politizar as novas tecnologias*. São Paulo: Editora 34, 2003. p. 270.

51. Ibid.

52. Rémy Herrera e Carlo Vercellone. Transformations de la division du travail et general intellect. In: Vercellone, Carlo (Org.). *Sommes nous sortis du capitalisme industriel?* Paris: La Dispute, 2003. p. 53.

*welfare*. Mas, a transformação do valor de "lei da economia política" em lei do aparelho de captura (do Estado) inverte completamente a dinâmica de mobilização produtiva: ao passo que, no capitalismo industrial, a exclusão mobilizava os proletários para incluí-los (e homogeneíza-os na condição unificada de explorados) na relação salarial, no capitalismo cognitivo, a inclusão de todo o mundo implica uma mobilização cada vez mais autônoma da heterogeneidade social (imanente às redes de cooperação social diretamente difusas na sociedade). O valor gerado dessa maneira — por ser imanente à intelectualidade difusa nas redes — foge à lógica da acumulação capitalista. A manutenção da Lei do Valor (do tempo de trabalho) só é possível se o capital, por meio da ativação "forçada" da soberania estatal (do Estado de exceção), consegue não reconhecer as formas difusas de produção (fora do chão de fábrica — nas redes sociais — e fora do tempo de trabalho — no tempo de vida) das quais, na realidade, depende a geração de valor: o trabalho difuso aparecerá nas formas da precariedade, da informalidade e da terceirização; a vida produtiva aparecerá nas formas das atividades de serviços, como terciarização e atividade servil. Mas, esse não reconhecimento acaba determinando uma desvalorização das novas formas de trabalhar e, sendo essas, formas de *geração*, a consequente destruição do valor.

Por um lado, a produção de valor se dá a partir de atividades colaborativas de autovalorização, nos moldes da produção cultural e, mais em geral, das relações de serviço. Pelo outro, esse valor é capturado a partir da redução do trabalho que o gera à condição de uma prestação pessoal que envolve a própria subjetividade e, pois, um novo tipo de escravidão: assim, do mesmo jeito que africanos deportados para as plantações escravagistas do novo mundo se faziam morrer, os trabalhadores cognitivos das firmas de ponta dos serviços contemporâneos multiplicam os suicídios *no* lugar de trabalho.[53] Hoje, como diz Marcela Zangaro, não se procura mais "definir a clivagem entre trabalho prescrito e trabalho real, mas entre trabalho desejado e trabalho real".[54]

Diante de um salário que se precariza (tornando-se renda e tendo suas dimensões indiretas — *welfare* — progressivamente reduzidas), a conectividade passa a depender da compensação dessas perdas pelo recurso generalizado ao crédito como única maneira de pagar a educação permanente que foi privatizada, a saúde que virou "plano", a aposentadoria que se tornou "fundos de pensão", os telefones celulares que se encontram no bolso de todo mundo e que viram computadores (e vice-versa): diante de tudo isso, é preciso, enfim, ter uma moradia que permita a todos esses dispositivos "conectarem-se", ou seja, agenciarem-se e ativarem-se. A relação de débito e crédito substituiu a relação salarial na mobilização de um trabalho difuso que acontece diretamente na circulação das redes metropolitanas (de serviços e terceirização) e que coincide com a própria vida. Para que o trabalho vivo (capital variável) consiga conter — nas suas interações em rede — o capital fixo que lhe permitirá ter acesso a alguma forma de renda, ele precisa estar nas "redes de cérebros" que redesenham as metrópoles como novos espaços hibridizados de circulação e produção.

O trabalho continua a descolar-se do emprego e o emprego continua a tornar-se "empregabilidade", como disse-

---

53. A direção de France Télécom reconheceu 32 suicídios entre início de 2008 e dezembro de 2009. Em 2010, entre janeiro e março, foram 8 suicídios reconhecidos. Vide Yves Clot. *Le travail à coeur*: poru en finir avec les risques psychosociaux. Paris: La découverte, 2010. p. 16, nota de rodapé n. 21.

54. Marcela B. Zangaro. Avatares del clima laboral, *Bajo el Vólcan — Revista del posgrado de psicologia*, México, BUAP, ano 5, n. 16, p. 105-55, jul. 2011.

mos. Mas o que é a empregabilidade? Uma transação entre o capital, que compra a força de trabalho, e o trabalhador, que a oferece, que nunca garante ao "vendedor" um retorno e uma proteção estáveis. O "vendedor" deve sempre estar em condições de ser "vendável": empregável. A transação está sendo, na tendência, continuamente negociada e reaberta, sendo que ela implica um custo que depende das condições de informação da procura e da oferta de mão de obra. Só que esse custo está sendo repassado para o próprio trabalhador e o conteúdo da empregabilidade é exatamente a dimensão cognitiva e comunicativa do imaterial. O efeito retórico mais visível (e mais visado) dessa noção é aquele que privilegia o discurso sobre a informação, quer dizer, a afirmação de que os "desempregados" são na realidade "não empregáveis" porque não sabem nem onde e nem quem está procurando por eles ou não sabem o que deveriam saber para serem procurados. O desemprego é assim atribuído aos próprios desempregados e, *en passant*, ao mal funcionamento do mercado: as políticas públicas deveriam ir no sentido de in-formar (fazer circular as informações com as agências de emprego) e formar (com os cursos de capacitação profissional) para que o mercado funcione melhor. Mas o efeito material, aquele mais importante, é que se a transação é um custo, o menor custo será — a rigor — aquele equivalente a "transação nenhuma", quer dizer, de uma relação de emprego (salarial) que não acontece, a não ser na forma da prestação de serviço: quer dizer ainda, na contratação de um trabalhador "autônomo". Como o apontou — com grande antecipação — Michel Foucault em suas aulas sobre o *Nascimento da Biopolítica* (2004), a heteronomia deve moldar-se dentro da autonomia. O trabalho "autônomo" é ainda mais subordinado que o "assalariado".

A imensa potência produtiva do trabalho social se transforma assim em nova miséria para o trabalhador individual, cujo trabalho-sem-emprego não é mais reconhecido. A autonomia torna-se o plano de uma nova heteronomia. O fato de a crise financeira global estar se fazendo pagar pelos trabalhadores, impondo o horizonte da "empregabilidade" não apenas como discurso, mas como condição, indica que ela ainda está diante de nós, pois a "empregabilidade" e seus "custos" se encontram em seu bojo: um capital que não emprega mais ninguém não consegue mais se valorizar! Ao mesmo tempo, no deslocamento do trabalho para fora de qualquer transação (da relação salarial), na execução de um projeto instantâneo — pois que essa é sempre um custo que deve ser reduzido a zero — o potencial de libertação do trabalho encontra um horizonte tão potente quanto o nível de socialização autônoma que passa a caracterizá-lo. A fonte da riqueza (o País e sua população) se torna obstáculo para uma acumulação que perdeu completamente os estribos, ou âncora, ou padrão, para seu "valor".

Contudo, a crise permite ver tudo pelo avesso, ou seja, na perspectiva da crise do padrão de mensuração e, nessa "medida", de sua própria insustentabilidade: as empresas (leia-se: o capitalismo contemporâneo) entraram em crise pela própria contradição estrutural (a esquizofrenia que apontamos acima) gerada pela lógica que transforma as bases da riqueza em "custos" que devem ser diminuídos, fragmentados, estilhaçados. Necessariamente, a redução do "custo" (as bases da riqueza) traduziu-se na própria crise de realização do valor: crise das bolsas de valores e tornar-se tóxico dos ativos financeiros. O quebra-cabeça típico do subdesenvolvimento (quer dizer, uma pilhagem da população e da natureza que acaba reduzindo as próprias condições de "desenvolvimento") aparece no cerne avançado do capitalismo contemporâneo. Só que aqui o que é pilhado e destruído é a potência significante da hibridização de cultura (o homem) e natureza na qual e pela qual se expressam as formas de vida. A ampliação desmedida do crédito deu a ilusão de equacionar um descompasso que na realidade era apenas adiado (financeirizado), para depois estourar de maneira ainda mais violenta. O sistema só não foi por água abaixo porque os bancos centrais (os Estados) despejaram nos mercados mais de uma dezena de trilhões de dólares de liquidez que será paga pelos... muitos. Por que não se fala, nesse momento, de custo-empresa? De custo-banco, de custo-mercado-financeiro? Porque isso significaria pegar pelo avesso os custos de transação: se a melhor transação possível entre forças produtivas e capital é aquela de custo zero, quer dizer aquela que não acontece, então é preciso que o trabalho vivo (sem o qual qualquer valorização é impossível) contenha o capital (fixo). Dito de outra maneira: se para o capital, a transação de custo zero era viabilizada pela sua financeirização (uma acumulação autorreferencial, tautológica, que a crise nos mostra em toda sua nudez), para o trabalho isso funciona, potencialmente, pelo avesso: o trabalho que se torna produtivo sem passar pela transação é aquele que consegue socializar-se sem passar pela relação salarial.

Em 1929, o que entrou em crise foi a transformação do "tempo de trabalho excedente" (mais-valia) em lucro. Em 2008, o que desmorona é o mecanismo de apropriação da "excedência" biopolítica, ou seja, a transformação financeira do salário e do lucro em "renda" e "rendimento": renda do trabalho — atrelada ao crescente endividamento (na forma da dívida dos lares ou da dívida pública) — e rentismo parasitário do capital — expansão derivativa e *necessariamente* desregulada do crédito. Salário e lucro se tornam renda, mas escrevendo-se nas páginas opostas do "livro" onde se contabiliza o que Haroldo de Campos chamou de "plusvalioso numerário":[55] o salário do lado dos "juros" que os trabalhadores pagam direta (sobre suas dívidas) e indiretamente (sobre o financiamento do *welfare state* e mais em geral do gasto público) e o lucro do lado dos juros que o capital *rentier* recebe do endividamento generalizado e da privatização da própria emissão monetária. Ao passo que o lucro se torna "rentismo" parasitário, o devir-renda do salário não é reconhecido. Trata-se de um mecanismo altamente paradoxal que somente a expansão enlouquecida das matemáticas e dos produtos financeiros dava a impressão — essa sim "fictícia" — de poder "governar". Aqui, eis que o pânico transformou a propagação desregulada do crédito em débito impagável.

## O capitalismo cognitivo como crise

Fredric Jameson alerta que uma das tendências perversas da apologia do "pós-moderno" é "desvia(r ...) a atenção da economia".[56] Depois de lembrar as teses de Ernest Mandel[57] sobre os "saltos quânticos na evolução do maquinário do capitalismo", ele afirmou que "o capitalismo tardio, ou multinacional ou de consumo, longe de ser inconsistente com a grande análise do século XIX de Marx, constitui, ao contrário,

---

55. Haroldo de Campos, ibid., p. 82.

56. *Pós-modernismo*, cit., p. 17.

57. *Late capitalism*. Londres: Verso, 1978. Esses "saltos quânticos" sendo, por sua vez, muito parecidos às teorias dos "paradigmas" técnico-científicos de Thomas Kuhn e aquelas dos ciclos de destruição criadora (inovação) que Schumpeter construiu sobre as análises dos ciclos de longa duração de Kondratieff.

a mais pura forma de capital que jamais existiu, uma prodigiosa expansão do capital que atinge áreas até então *fora* do mercado".[58] No momento dessa análise, Jameson apreende o novo paradigma, mas hesita. No mesmo parágrafo, ele afirma que esse capitalismo foi "erroneamente chamado de pós-industrial" e ao mesmo tempo faz uma espécie de "confissão": "sentimo-nos tentados a falar de *algo novo e original*: a penetração e colonização do Inconsciente e da Natureza".[59] Ora, no cerne dessa novidade original, Jameson coloca um movimento paradoxal de "dissolução da esfera autônoma da cultura" que é, na realidade, uma "explosão: uma prodigiosa expansão da cultura por todo domínio do social, até o ponto em que tudo em nossa vida social — do *valor econômico* e do poder do Estado às práticas e à própria estrutura da psique — pode ser considerado como cultural, em um sentido original que não foi, até agora, teorizado".[60] Assim, ele acabará por afirmar que o pós-moderno "não é meramente uma ideologia cultural ou uma fantasia, mas é uma realidade genuinamente histórica (e socioeconômica), a terceira grande expansão original do capitalismo pelo mundo".[61]

Herrera e Vercellone, retomando os trabalhos de Negri, Lazzarato, Virno, Marazzi e Boutang, propõem uma definição do capitalismo cognitivo como "transição ao *general intellect*" do qual falava Marx nos *Grundrisse*. Uma transição que se caracteriza pelo "novo predomínio qualitativo dos saberes do trabalho vivo sobre os saberes incorporados no capital e na organização das firmas". Ou seja, "a configuração industrial do capitalismo (...) só constituiu uma fase específica na sua

---

58. Fredric Jameson, *Pós-modernismo*, cit., p. 61.
59. Ibid., grifos nossos.
60. Ibid., p. 74; grifos nossos.
61. Ibid., p. 75.

TRABALHO E CIDADANIA

dinâmica de longa duração". O capitalismo cognitivo é *pós-industrial*. Ao mesmo tempo, Herrera e Vercellone dizem que essa transição se apresenta como "nível superior de 'grande crise', intermediária entre as noções de 'crise de um modo de desenvolvimento' e 'crise do próprio modo de produção'. Trata-se de uma crise de mutação que redesenha as tendências que regiam a evolução da divisão do trabalho e da acumulação de capital desde a primeira revolução industrial".[62] A passagem do capitalismo industrial ao capitalismo cognitivo diz respeito ao peso cada vez maior dos elementos intangíveis (saberes, afetos, comunicação) do valor (e da acumulação) e isso se deve — como apontamos — à mutação pela qual passa o trabalho, que se torna imaterial. A centralidade dos saberes e da educação apenas reflete os "modos de expressão e criação do trabalho", ou seja, as "condições subjetivas da produção que caracterizam o valor de uso das forças de trabalho".[63] Quando dizia que a tendência do capitalismo contemporâneo era transformar as máquinas em homens, Lévi-Strauss apontava para a possibilidade de que a fabricação de cada vez mais ordem na cultura (na relação entre o homem e a natureza) não implicasse um aumento desproporcional da entropia na sociedade. Isso permitiu, enfim, a passagem, que segundo ele havia sido preconizada pelo conde de Saint Simon, do "governo dos homens para a administração das coisas".[64] Isso porque, uma vez transformadas em homens, as máquinas permitiriam à cultura "fabricar integralmente o progresso", ao passo que "a sociedade seria libertada da maldição milenária de escravizar os

---

62. Rémy Herrera e Carlo Vercellone. Transformations de la division du travail et general intellect. In: Vercellone, Carlo (Org.). *Sommes nous sortis du capitalisme industriel?* Paris: La Dispute, 2003. p. 52.

63. Herrera e Vercellone, cit., p. 53.

64. Claude Lévi-Strauss. *L'anthropologie face aux problèmes du monde moderne*, cit., p. 92.

homens para que o progresso aconteça".[65] Com efeito, nós sabemos que essa mudança não é linear e que esse devir-homem das máquinas diz respeito ao fato de que a produção de subjetividade — como vimos no dramático caso dos suicídios de trabalhadores na França ou na China — se tornou ela mesma o novo terreno da exploração e do conflito. Ao mesmo tempo, esse conflito se apresenta hoje como crise: uma crise que pode transitar do nível apontado por Herrera e Vercellone (crise de um modelo de acumulação) e para um nível bem mais geral, rumo a uma crise do próprio modo de produção, aberta portanto a um horizonte de incerteza radical.

André Gorz, na revisão tardia de suas reflexões sobre o capitalismo contemporâneo[66] (com base na literatura pós-*operaista* sobre trabalho imaterial,[67]) antecipou as dimensões estruturais da crise atual do capital global: "o capitalismo cognitivo é a crise do capitalismo *tout court*". Ou seja, continua Gorz, "a novidade revolucionária está no fato de que o conhecimento destrói mais valor do que cria".[68] Temos aqui a interpretação das sucessivas "bolhas" do capitalismo cognitivo como sendo o fruto de sua dinâmica estrutural. A crise é permanente e as "bolhas" se sucedem umas às outras por-

---

65. Ibid., p. 93.

66. Antes de tomá-las como referências de suas teorizações, Gorz denunciava as teorias do trabalho imaterial e da intelectualidade de massa de Lazzarato, Hardt, Negri, Virno e Yann Moulier-Boutang como sendo o fato de um "delírio teoricista", vide *Misères du présent et richesse du possible*. Paris: Galilée, 1997. p. 70-7 e 150.

67. Giuseppe Cocco et al. (Orgs.). *Capitalismo cognitivo*. Rio de Janeiro: DP&A, 2[?]; Christian Marazzi. *O lugar das meias*. Rio de Janeiro: Civilização Brasileira, 2009; Virno, Paolo. *Virtuosismo e revolução*. Rio de Janeiro: Civilização Brasileira, 2[?]; Michael Hardt e Antonio Negri. *The labor of Dionysus. A critique of State-form*. Minneaopolis: Minnesota Press, 1994. Michael Hardt e Antonio Negri. *Império*. Rio de Janeiro: Record, 2000; Maurizio Lazzarato. *As revoluções do capitalismo*. Rio de Janeiro: Civilização Brasileira, 2[?].

68. *L'immatériel*: connaissance, valeur e capital. Paris: Galilée, 2003. p. 46.

TRABALHO E CIDADANIA

que o capitalismo cognitivo não tem como se reproduzir sem "estragar" a própria mecânica de geração de valor; dito de maneira mais simples: o capitalismo cognitivo só pode acumular se "serra o galho onde está sentado". De outra forma, isso significa que, para crescer, o lucro deve tornar-se rentismo parasitário. Por um lado, isso bloqueará e fragmentará o devir-renda do salário. Pelo outro, estriará o trabalho colaborativo pelo patenteamento privatizador do saber produzido em rede, quer dizer, destruirá o comum. A batalha sobre a propriedade intelectual é emblemática deste paradoxo. Ao passo que a produtividade das redes depende diretamente dos níveis de sua "abertura" e "liberdade" (o valor das informações dependendo proporcionalmente da amplitude e velocidade de sua circulação aberta aos aportes de um sem-número de usuários-produtores), as grandes empresas de intermediação de conteúdos e produção de *softwares* recorrem aos Estados para impor todo tipo de leis de proteção de uma propriedade intelectual que é pura ficção (Lei Hadopi na França, Lei Sinde na Espanha, o MinC de Ana de Holanda no Brasil). As políticas de proteção da propriedade intelectual e controle das redes (o Projeto de Lei Azeredo ou as medidas de censura das "redes sociais" anunciadas por Cameron depois da revolta da multidão londrina em agosto de 2011) não são apenas reacionárias, mas também contraproducentes para os próprios processos de produção e acumulação, como no caso do *crowdsourcing*,[69] paradigma emergente dos modos de captura da produção colaborativa em rede, que precisa da maior liberdade possível do trabalho em rede para prosperar. Como a descreve Jeff Howe, a tercerização da multidão (*crowdsourcing*) passa pelo uso intensivo de "*opensource*

---

69. Jeff Howe. *Crowdsourcing*: why the power of the crowd is driving the future of business. New York: Three Rivers Press, 2008. [primeira reimpressão, 2009.]

software, Linux"[70] por meio de *communities* constituídas em redes. Trata-se, talvez, da mais nova forma de *management* que visa "capitalizar a natureza profundamente social da espécie humana (para produzir algo) que não pode ser mensurado pelo dinheiro: a dádiva, o prazer, a comunidade".[71] Assim, o *crowdsourcing* torna visível a força de trabalho dos "amadores e *hobbylists* que competem com os profissionais".[72] O capitalismo cognitivo está além da velha indústria cultural que ainda pretende opor o profissionalismo ao amadorismo. Mas, esse "estar além" é paradoxal e ilusório: o capitalismo cognitivo está além, mas precisa dos tradicionais aparelhos jurídicos para resolver (isso sim, de maneira fictícia) os impasses do processo de acumulação. Estes impasses dizem respeito exatamente ao fato de que a produção colaborativa implica um "comum" como condição prévia e que a acumulação, por definição, o privatiza e, pois, desvitaliza.

Embora de maneira cética, o próprio Gorz — antes de chegar às reflexões de *O Imaterial* — tinha caracterizado esse paradoxo como sendo o fato da "autonomia dentro da heteronomia".[73] Como ele mesmo aponta, a autonomia do trabalho estava nas lutas contra a disciplina fabril, ou seja, na recusa da heteronomia. Contudo, para ele, a relação entre autonomia e comando se resolvia na tendência, diferentemente do "delírio teoricista" dos pós-*operaistas* que afirmavam tratar-se de uma "realidade atual", segunda a qual "o trabalho se coloca imediatamente como livre e construtivo".

---

70. Ibid., p. 8-9.

71. Ibid., p. 145.

72. Ibid., p. 24.

73. *Métamorphoses du travail*. Paris: Galilée, 1988. p. 119, 122-3 e127; e *Misères du présent et richesse du possible*. Paris: Galilée, 1997. p. 70 ss.

TRABALHO E CIDADANIA

Ao mesmo tempo, os pós-*operaistas* enfatizam: a crise da lei do valor não elimina sua vigência, mas a transforma de lei da economia política em lei do Estado.[74] Ou seja, quando o comum é condição prévia, a acumulação perde a capacidade de usar a ciência para disfarçar sua transcendência em imanência do capital fixo como tecnologia (e inovação) e aparece apenas como parasita: o lucro se torna rentismo. Entre comando (do capital) e resistência (do trabalho) não há mais nenhum isomorfismo,[75] mas isso não significa que o capital não recorra ao Estado e à força para "forçar" essa homologia: só significa que essa força aparece cada vez mais como "lei da força", efetividade sem legitimidade, crise da representação e corrupção. Por sua vez, a corrupção aparece pelo que de fato é: o fruto da desigualdade e do esvaziamento material das bases da democracia.

O *crowdsourcing* (literalmente, a terceirização pela multidão), mas sobretudo o funcionamento em rede da circulação e da produção, nos mostram que o trabalho realmente é produtivo e inovador na exata medida em que ele é livre. As novas formas de licenciamento como *Copyleft*, e o *Criative Commons* são inovações jurídicas que tentam se adequar ao novo paradigma da produção de valor. Assim, a afirmação de Michael Hardt e Antonio Negri é completamente pertinente: "O capital se torna um aparelho vazio, de comando, um fantasma, um fetiche".[76] Ao contrário, Gorz a cita para enfatizar que "não funciona" ("*Il n'en est rien*"), pois para ele, "*a autonomia no trabalho é bem pouca coisa na ausência de uma*

---

74. Antonio Negri. *Il dominio e il sabotaggio.* Milano: Feltrinelli, 1978. p. 13.

75. Antonio Negri. *Alcune riflessioni sull'uso della dialettica.* UniNomade 2.0, 2 mar. 2011. Conferência pronunciada em Moscou, em junho de 2009.

76. Michael Hardt e Antonio Negri. *Labour of Dyonisus. A critique of State-form.* Minneapolis: Minnesota Press, 1994. *Apud* André Gorz, *Misères* ... , cit., p. 71.

*autonomia cultural, moral e política que a prolonga* e que *não nasce da própria cooperação produtiva* mas da atividade militante e da cultura da insubmissão, da rebelião e da fraternidade, do livre debate (...)".[77] Ou seja, segundo Gorz, corria-se o risco de cair num "postulado implícito pelo qual a autonomia *no* trabalho gera por ela mesma a exigência e a capacidade dos trabalhadores suprimir todo obstáculo ao exercício de sua autonomia".[78] Para ele, a dimensão "cognitiva" e cultural do capitalismo implicava apenas a centralidade de uma luta "cultural" que se mantinha separada numa esfera específica, muito próxima daquele mundo da vida do qual nos fala Habermas, e com relação à qual seria preciso mobilizar uma faculdade de julgamento que só um fora, um princípio transcendente poderia proporcionar.

Com efeito, nas abordagens em termos de trabalho imaterial, a dimensão cognitiva do valor faz da cultura o próprio terreno materialíssimo da luta (e não a fonte de um princípio externo). Quando o trabalho é imaterial, a valorização — para acontecer — é uma autovalorização: ou seja, a produção é, antes de mais nada, produção de subjetividade. Mas isso não significa extinção do conflito. Pelo contrário, é a autovalorização que se torna o terreno de luta: quando uma empresa como a Nike faz uma parceria com uma ONG ou um Rapper para produzir (e sobretudo vender) um sapato para os jovens das periferias das grandes metrópoles brasileiras, ela está capturando valor e significação exatamente onde ele é gerado como "autovalorização", ou seja, *produção de subjetividade*. Tomamos as respostas do então presidente do Grupo France Telecom (Didier Lombard) a um grupo de jornalistas que

---

77. Ibid., p. 72; grifos do autor.
78. Ibid.

TRABALHO E CIDADANIA

perguntava sobre a dramática multiplicação de suicídios de seus empregados nos locais de trabalho: "Eles (os empregados) são realmente muito ligados à empresa. Isso tem um lado muito positivo: nossos trabalhadores são implicados, motivados, dedicados (...). Mas esta ligação visceral faz com que alguns passem a esperar tudo da empresa que se torna uma grande família onde *tudo vira afetivo* (...). Se os mudamos de posto de trabalho (...) pensam que *não os amamos mais*".[79] Zangaro explicita: "a conexão que a firma estabelece com os trabalhadores é vital".[80] Por isso, nós diremos, ela pode também ser *mortífera*.

Dito de outra maneira, nas palavras de Negri e Revel, "nós vivemos em um mundo onde produzir se tornou um ato comum".[81] Ou seja, o comunismo é uma condição prévia que precisa se renovar continuamente como processo constituinte. Por um lado, isso significa que não há mais nenhuma transição, que não há nenhum palácio de inverno a ser conquistado e que não há mais distinção entre revolução e reforma. O terreno da participação à governança prevista pela constituição civil, por exemplo, com reivindicações como a renda universal ou as lutas dos defensores públicos contra as remoções de favelas no Rio de Janeiro está completamente aberto. Pelo outro, essa "participação" está necessariamente atrelada à multidão dos trabalhadores do imaterial que continua sua metamorfose, ou seja, seu êxodo subversivo para fora das relações sociais de tipo

---

79. O Presidente todo poderoso fala de afetos, família, amor ...! *Apud* Yves Clot, cit., p. 16. 2.0.

80. Cit.

81. Antonio Negri e Judith Revel. *Inventare il comune degli uomini.* UniNomade 2.0. Disponível em: <http://uninomade.org/inventare-il-comune-degli-uomini/>. Acesso em: 4 abr. 2011.

capitalista,[82] rumo a uma democracia radical, como acontece nas "acampadas" de um sem-número de cidades no momento em que escrevemos.[83] No Brasil da segunda década do século XXI, esse embate atravessa as políticas, as eleições e as lutas (inclusive a "guerra de baixa intensidade" como a da "pacificação" no Rio de Janeiro)[84] em torno da emergência de uma Nova Classe Média (inicialmente chamada de classe "C").[85]

## Trabalho e direitos

A proposta desse livro foi apontar para a fenomenologia da metamorfose de um trabalho que — tornando-se imaterial — passa a ser explorado segundo novas modalidades. Afirmamos também que essa mutação tem como consequência maior a inversão da relação entre trabalho, por um lado, e cidadania, pelo outro. Não é mais o trabalho (assalariado e de tipo industrial) que proporciona a integração (inclusão no sentido "positivo" que esse termo acabou tendo na literatura sociológica da "questão social") e proteção social. Em outros termos, o acesso aos direitos não é mais hierarquizado em

---

82. Sobre os níveis estratégicos da política que emergem na obra de Negri e Hardt, vide Michael Blecher, *Postoperaismo o la trasformazione di capitale e lavoro*, UniNomade 2.0. Disponível em: <http://uninomade.org/postoperaismo-o-la-trasformazione-di-capitale-e-lavoro/>. Acesso em: 1º nov. 2011.

83. Desde aquelas da Praça Tahrir no Egito, passando por Puerta del Sol e chegando a *Occupy Wall Street*.

84. Cocco, Giuseppe. *La guerra di Rio de Janeiro*: l'offensiva del capitalismo cognitivo. UniNomade 2.0. Disponível em: <http://uninomade.org/la-guerra-di-rio-de-janeiro/>. Acesso em: 9 jan. 2011.

85. Vide Neri, Marcelo (Coord.). *A nova classe média*: o lado brilhante dos pobres. Rio de Janeiro: FGV/CPS, 2010.

torno da relação salarial e de suas figuras dominantes: o capital monopolista estatal e privado e o homem adulto branco assalariado pela grande indústria e organizado nas grandes organizações sindicais (ou nos clubes de boliche dos quais fala nostalgicamente Robert Putnam).[86]

Quando o trabalho se torna imaterial, sua qualidade passa a depender da cidadania como condição prévia. Essa dimensão "prévia" implica também uma transformação da própria noção de cidadania. Passamos assim do direito do trabalho ao desafio de construir o trabalho dos direitos. Não se trata apenas de uma questão de sequência, mas do próprio conteúdo e estatuto dos direitos (*i.e.* da cidadania. Não se trata nem da cidadania holista das grandes corporações estatais ou privadas, nem daquela individualista que apenas vive nas abstrações religiosas dos economistas *mainstream*).

No regime de acumulação da grande indústria, a inclusão nos direitos era consequência da integração na relação salarial e a produção dos direitos era proporcionada pelas funções estatais (o Estado de Bem-Estar ou *Welfare State*) de reprodução da força de trabalho e de realização social do valor produzido dentro da relação salarial e seu chão de fábrica. Os direitos do trabalho eram fundamentalmente direitos "estatais" e de tipo reprodutivo, duplamente subordinados à relação de capital: por um lado, os direitos proporcionados pelo Estado eram funcionais à reprodução alargada do capital; pelo outro, o Estado de Bem-Estar é legitimado e construído pelas formas de representação oriundas da relação salarial. Os direitos se mantêm assim no horizonte do direito do trabalho e no marco da dialética entre

---

86. *Bowling alone*: the collapse and revival of American community. New York: Simon & Schuster, 2000.

esfera pública (estatal) e privada (mercado). A cidadania será aquela orquestrada e hierarquizada em torno do sistema dos partidos que representam as duas grandes classes sociais, o capital e o trabalho.

Hoje, no regime de acumulação do capitalismo cognitivo, a qualidade do trabalho (sua produtividade), seus níveis de remuneração e de proteção passam a depender do tipo de "direitos" aos quais os "cidadãos" têm acesso. Ao mesmo tempo, *os "direitos" não são mais os mesmos*. Ou seja, como dissemos, é a inserção na produção que passa a depender da integração nos direitos. De repente, os direitos como condição prévia assumem um estatuto duplamente autônomo diante da relação de capital, mas também vis-à-vis ao Estado: são produzidos por fora da relação salarial e para além das esferas complementares (dialéticas) do estatal (público) e do mercado (privado). Podemos assim explicitar a afirmação de Negri e Revel que citamos anteriormente: o comum é a condição prévia de toda produção. Esse comum "prévio" é a articulação entre redes e êxodo, o trabalho colaborativo que se torna generativo sem mais passar pela hierarquia da relação salarial. O comum já é dado e, assim, a acumulação vem depois, por meio da manutenção e amplificação de todos os fenômenos de fragmentação e segregação dos *sujeitos que produzem o comum em comum*. A importância das questões ligadas ao meio ambiente e a sustentabilidade não é, assim, apenas o fruto da "crise ecológica", mas sobretudo o fato de que o enfrentamento acontece diretamente no terreno da produção de valor (das significações) e não mais apenas sobre sua "distribuição". De repente, a relação entre autovalorização e heteronomia é atravessada pelas relações novas entre recusa e autonomia. Quando o trabalho se torna imaterial e a "relação de serviço" passa a ser sua condição empírica (dela depende a valorização cog-

TRABALHO E CIDADANIA

nitiva como um todo, em qualquer setor da atividade econômica), a heteronomia destinada a capturar a autovalorização
tem efeitos paradoxais de destruição do valor. Essa destruição
de valor é na realidade uma destruição da subjetividade:
desde os casos extremos dos suicídios de trabalhadores até a
dinâmica generalizada de transformação das relações com os
usuários (pacientes, cidadãos) em relações com os clientes.
Clientes que passam a ser duplamente explorados: desde a
própria comercialização dos serviços até a injunção deles
mesmos produzirem o serviço pelo qual pagam. Viajar implica comprar suas passagens pela internet e fazer o embarque
"*online*"; a estante que compramos na loja de conveniência
precisa ser montada por nós mesmos; ligar para um *Call Cen-
ter* nos obriga a assumir a responsabilidade pelo diagnóstico
emitido sobre os problemas a serem solucionados. Da mesma
maneira que somos responsabilizados — como dissemos —
pela manutenção de nossa empregabilidade, somos também
responsabilizados no momento de um consumo que se torna
produtivo. Aqui há uma inversão: Yves Clot explica como a
recusa por parte dos trabalhadores dos métodos de gestão se
traduz numa melhora dos serviços prestados. A autovalorização, mesmo no caso mais simples (a luta contra a precarização da subjetividade, ou seja, contra sua "desvalorização")
encontra a autonomia e reafirma o comum na relação hori-
zontal, afetiva que constitui a base da produção.[87] O cuidado
de si, diria Foucault, é imediatamente um cuidado dos outros.[88]

Há duas maneiras interessantes de se aprofundar as reflexões sobre essa inversão: uma primeira, mais geral, diz

---

87. Yves Clot, cit., p. 48 e 50.
88. Foucault, Michel. *Le courage de la vérité*: le gouvernement de soi et des autres.
Cours au Collège de France (1984). Paris: Seuil, EHESS, Gallimard, 2009.

respeito à noção de "exclusão"; uma segunda, mais específica, diz respeito ao debate sobre os programas públicos de distribuição de renda (por exemplo, o Bolsa Família e todo o debate sobre o sistema previdenciário, no Brasil). Em primeiro lugar, diremos que o capitalismo global, articulado entre finanças e redes, não é excludente, mas altamente inclusivo: todo o mundo é incluído, mas a mobilização produtiva acontece diretamente na sociedade (na reprodução) e nos territórios (da circulação) e, pois, sem nenhum processo prévio de homogeneização social. Os excluídos, tivemos a oportunidade de escrever, são incluídos enquanto tais (enquanto excluídos), pela modulação dos fragmentos e da heterogeneidade.[89] Ou seja, o tipo de "inclusão" não depende mais do fato de ser ou não mobilizado e explorado, mas do tipo de direitos prévios aos quais teremos acesso como população em geral e não como camadas específicas de proletariado destinado a vender sua força de trabalho. Em segundo lugar, podemos apreender o debate sobre as políticas de distribuição de renda em termos completamente novos e compreender por que ele foi ao mesmo tempo objeto de críticas "esquerdistas" e "conservadoras". Ao passo que as críticas conservadoras reafirmaram a necessidade de incluir para subordinar por meio do emprego e, pois, declararam assistencialistas e ineficientes os gastos com a distribuição de renda porque não comportam uma "porta de saída", as críticas pela esquerda vão no mesmo sentido (a emancipação passa pela oferta de "empregos") e também acusam essas políticas de "desmobilizar" os pobres, enfraquecendo os movimentos sociais. Trata-se, em todos os casos, de críticas inadequadas (embora aquelas da direita tenham tido

---

89. Permitimo-nos sugerir a leitura de nosso *MundoBraz*: o devir-Brasil do mundo e o devir-Mundo do Brasil, Rio de Janeiro: Record, 2009. cap. 2.

e continuem tendo uma função bem precisa de impedir a ampliação e universalização, por exemplo, do programa Bolsa Família, rumo a uma renda universal) porque respondem a uma situação nova a partir de esquemas conceituais e políticos oriundos do capitalismo industrial. A inadequação está, na esquerda e nos movimentos, na incapacidade de apreender que — diante dessa "inclusão dos excluídos" enquanto tais — aparecem novas contradições, novas lutas e novos direitos: por um lado, todo mundo é incluído e explorado o tempo todo e, pelo outro, essa mobilização produtiva se faz mantendo a precariedade dos que estavam fora do mercado formal do emprego e levando aqueles que estão dentro da relação salarial a uma precariedade crescente, inclusive de tipo subjetivo. De repente, a luta pela distribuição de renda (independentemente da relação salarial) se torna o terreno que define a clivagem entre uma inclusão excludente (aquela que está acontecendo) e uma mobilização baseada na *produção de novos direitos*, no âmbito do direito do comum. O direito do comum é um novo tipo de direito: aquele que atualiza o comum como condição prévia, ou seja, aquilo que nós conseguimos produzir, inclusive graças às nossas diferenças, para continuarmos a produzir juntos.[90]

O terreno imediato de programa para a expansão constitutiva do direito do comum é o direito a ter uma renda, uma renda que reconheça — mesmo que insuficientemente — as dimensões produtivas da própria vida! Pois quando a produção se torna uma *bioprodução*, a renda precisa se tornar uma *biorrenda*.

---

90. Vide Cava, Bruno. *Recomeçar o direito do comum.* Palestra proferida no Seminário "Crise e Revoluções Possíveis". Rio de Janeiro: Universidade Nômade e Fundação Casa Rui Barbosa. Disponível em: <http://www.quadradodosloucos.com.br/2086/recomecar-o-direito-no-comum/>. Acesso em: 9 nov. 2011.

# Introdução

A base deste livro foi a conferência que proferimos por ocasião do Concurso Público de Títulos e Provas para a vaga de professor titular da Escola de Serviço Social da Universidade Federal do Rio de Janeiro, em 1999.[1]

O título originário da conferência era "O debate contemporâneo acerca do fordismo e do pós-modernismo". A mudança de título não responde apenas a uma preocupação editorial, mas, fundamentalmente, à necessidade de indicar de maneira mais contundente a proposta deste ensaio.

Com efeito, a *démarche* desenvolvida ao longo dos quatro capítulos em que se divide o livro é a de colocar o debate sobre globalização e neoliberalismo na perspectiva das mudanças estruturais que envolvem, a um só tempo, as bases materiais da produção e as dinâmicas político-culturais da reprodução.

Os aportes do debate econômico heterodoxo sobre fordismo (sua crise e os modelos alternativos emergentes) e as

---

1. Aproveito a oportunidade para agradecer as críticas que, por ocasião do concurso, dirigiu-me a Banca Examinadora, composta pelos professores doutores Evaldo Vieira, Francisco de Oliveira, José Paulo Netto, Nobuco Kameyama e Ricardo Antunes. Queria ainda agradecer ao Professor José Paulo Netto pela leitura do manuscrito e pelas suas excelentes sugestões de conteúdo e de forma.

investigações sociológicas e filosóficas sobre a crise da modernidade constituem, a nosso ver, eixos de reflexão fundamentais e complementares para a compreensão dos desafios da transformação social nesta virada de século.

Os marcos fundamentais do regime de acumulação pós-fordista já foram definidos por uma vasta literatura socioeconômica e podem ser resumidos em três grandes eixos: a autonomização da esfera financeira; a flexibilização e desverticalização da esfera produtiva e, enfim, a crescente integração produtiva da esfera do consumo e da reprodução.

Em face dessas mudanças, apesar da riqueza das contribuições teóricas, as "armas da crítica" encontram alguns desafios de peso e, notadamente, a dificuldade de lidar com um modelo de acumulação estruturalmente heterogêneo. As "armas da crítica" não encontram a "crítica das armas". Neste *impasse*, a "crítica da crítica" aparece como um exercício imprescindível.

Na perda dos universais produzidos pela hegemonia social do padrão disciplinar da era da grande indústria, as dinâmicas dos conflitos sociais, por um lado, e da universalização dos direitos, por outro, se tornam cada vez mais complexas. À dramaticidade das novas formas de exclusão sobrepõe-se a emergência de um novo tipo de poder: um poder que parece ter-se emancipado da sociedade civil e de toda necessidade de construir sua legitimidade social.

A monstruosa reprodução do "estado presente" de dominação e de miséria baseia-se no governo das variáveis econômico-financeiras. Mas, como apontamos, a "crítica" resta muitas vezes presa de abordagens teóricas que não levam em conta as mudanças e as inovações que caracterizam a atual dinâmica da acumulação. Por um lado, enfatiza-se a autonomização da esfera financeira com relação à esfera "real" e, por outro, recusa-se a ver as dimensões pós-industriais do regime de acumulação globalizado e pós-fordista. Ao mesmo tempo, a apreensão da crise do Estado Nação e do desmonte dos sistemas hipercorporativos de *welfare* que caracterizam as economias periféricas (e a brasileira em particular) se resolvem em projetos oposicionistas que fazem da soberania e da "opção brasileira"* um fácil, mas nem por isso menos contraditório e mais eficaz, baluarte de resistência.

Neste livro queremos propor alguns elementos de reflexão para o deslocamento da crítica *dentro do novo paradigma*, enfrentando (e não negando) os novos desafios. O norte de nossa proposta articula-se em dois eixos interligados de redefinição da mudança: o da *cidadania* e o do *trabalho*.

Por um lado, desenvolveremos uma análise das transformações da constituição material na passagem do fordismo ao pós-fordismo (à qual corresponde, nas economias periféricas, a passagem do desenvolvimentismo para as políticas econômicas de estabilização e de inserção competitiva na globalização). Apontaremos como, nesse deslocamento, a relação entre cidadania e produção tem sido radicalmente transformada: se no fordismo a *inserção produtiva* era a condição da *integração cidadã*, no pós-fordismo a cidadania se tornou condição *sine qua non* da *integração produtiva*.

Por outro lado, basearemos esta definição da constituição material do pós-fordismo na interpretação da *nova cen-*

---

\* Fazemos referência à guinada neosoberanista de uma parte da oposição política e social ao governo Fernando Henrique Cardoso. O manifesto programático deste tipo de postura é exatamente o livro coletivo intitulado "A opção brasileira" e assinado por César Benjamin, Emir Sader, João Pedro Stédile et al. Rio de Janeiro: Ed. Contraponto, 1998.

*tralidade do trabalho vivo*. Ou seja, apontaremos como, por trás da crise do trabalho industrial (e do trabalho assalariado formal), o regime de acumulação pós-fordista determina uma *difusão social do trabalho*. Longe de desaparecer, o trabalho não para de se difundir no espaço e no tempo: nos territórios desenhados pelas redes sociais de cooperação; num tempo definido pela recomposição de tempo de vida e tempo de trabalho.

Esses dois eixos de reflexão teórica são desenvolvidos em quatro capítulos. Começaremos com um primeiro capítulo dedicado à crise do capitalismo globalizado, que se alastra desde outubro de 1997 e, vindo dos mercados asiáticos, acabou abalando, em janeiro de 1999, o Real e o plano de estabilização nele ancorado. Nesse primeiro nível, tentaremos também lançar uma ponte entre a análise das transformações tais como elas se apresentam nos países centrais e nas economias periféricas. Num caso como no outro, discutiremos a força das abordagens da globalização em termos de autonomização da esfera do capital financeiro e de crise da soberania nacional.

Em seguida, no segundo capítulo, proporemos algumas ferramentas conceituais para aprofundar a análise das *transformações estruturais embutidas nas aparências do capital fictício*. Fundamentalmente, nesse nível, nossa reflexão se articula a partir de uma discussão sobre o conceito de fordismo e de seu regime de acumulação taylorista, que constitui uma referência essencial para a crítica tanto do determinismo econômico embutido nas abordagens do pós-fordismo em termos de transformação da concorrência quanto das interpretações formais do keynesianismo como fruto de um certo tipo de engenharia político-institucional. Ao conceituar o fordismo como resultado das dimensões altamente conflituais da relação salarial que o caracterizava, podemos fugir das armadilhas daquelas abordagens e situar sua crise (bem como a de seus formatos periféricos) numa perspectiva bem mais aberta e contraditória.

No terceiro capítulo, analisaremos a crise do fordismo do ponto de vista dos determinantes subjetivos e das transformações do trabalho. O processo de desverticalização industrial que caracterizou a crise do fordismo nos países centrais, desde a década de 1970, é interpretado como fenômeno aberto entre a reestruturação tecnológica da grande indústria, por um lado, e a difusão social das lutas operárias, por outro. Dois determinantes de crise emergem: um objetivo (interno à lógica da acumulação capitalista) e um subjetivo (interno às determinações da autonomia de classe). Os dois têm em comum uma nova figura de trabalho; a de um trabalho — imaterial — que não perde mais suas dimensões sociais e comunicativas para integrar-se na dinâmica da acumulação. A crise do trabalho assalariado sob estatuto formal é portanto reaberta: instrumento nas mãos do capital para estabelecer seu controle sobre as forças do trabalho; novo nível de autonomia de trabalhadores que não precisam mais separar sua força (de trabalho) de seus recursos intelectuais e afetivos para se tornar produtivos.

Voltaremos enfim, no quarto e último capítulo, ao regime de acumulação atualmente vigente. Desta vez, nosso esforço tem como objetivo apreender o espaço-tempo do trabalho vivo no pós-fordismo. A metrópole pós-industrial constitui-se em espaço de uma temporalidade produtiva múltipla e aberta. Nesse intento, o modelo heurístico do deslocamento do padrão metropolitano, da cidade industrial de Chicago para a pós-industrial de Los Angeles, é usado como ideia-força para abordar a passagem do espaço-tempo funcional-sequencial da era da grande indústria para os tempos aleatórios e os espaços das redes da era pós-industrial.

Nas conclusões, apontamos, por um lado, para as novas contradições sociais que marcam as dinâmicas da fragmentação social e da segregação espacial com as quais o capital consegue controlar a cooperação social produtiva e, por outro, para algumas pistas de reflexão teórica. Em particular, enfatizamos as questões cruciais que ainda ficam abertas na análise das transformações do trabalho, indicando a necessidade de se reconceitualizar as tradicionais duplas analíticas marxianas: trabalho abstrato *versus* trabalho concreto; trabalho simples *versus* trabalho complexo.

# CAPÍTULO I

## A crise financeira global: a cisão entre capital fictício e real e o papel do Estado

# Introdução

Desde a crise asiática de 1997, a chamada globalização econômico-financeira assumiu uma nova e dramática visibilidade. A integração de cada país numa circulação mundializada de créditos, aplicações financeiro-monetárias e mercadorias aparece, ao mesmo tempo, como um fato incontornável e como a maior responsável pela atual desordem econômica. A globalização desempenha um papel paradoxal. Por um lado, é o bode expiatório ao qual os governos podem imputar a falência de suas políticas (no caso do Brasil, a falência do Plano Real); por outro lado, é nas instituições (FMI, Banco Mundial etc. etc.) e nos mercados (pelas políticas cambiais, das taxas de juros etc.) da globalização que se buscam as receitas e os remédios para a crise. Mais uma vez, a tragédia confunde-se com a farsa. Atribui-se à "globalização", como fenômeno genérico, as responsabilidades pela crise para, ao mesmo tempo, entregar definitivamente às mãos da "globalização", como preciso conjunto de instituições transnacionais,[1] a definição e gestão das políticas para se sair da crise.

A tautologia irresponsável dos "responsáveis" políticos certamente não encontrará soluções nas arbitrárias identifi-

---

1. Que poderíamos chamar de "imperiais".

cações entre os esforços de crítica da economia política da globalização e a volta ao passado.[2] A impossibilidade de se "retornar ao tempo da pré-globalização" não significa certamente que as "reformas de FHC" sejam inevitáveis e invencíveis. A identificação "período pré-globalização/período pré-liberal" traduz-se na afirmação ideológica de que o futuro será necessariamente globalizado e liberal. Trata-se de uma operação intelectual e teoricamente simplória. Mas ela se baseia nas insuficiências teóricas que, a nosso ver, caracterizam as abordagens críticas e suas articulações políticas. A face mais imediata dessas limitações encontra-se na falta de clareza acerca das ambiguidades que caracterizam a relação entre a crítica da economia política da globalização e a "defesa" (implícita ou explícita) do "passado". É claro, ninguém defende o passado enquanto tal. Mas muitos apostam na defesa de formas e de conteúdos institucionais que só podem ser sustentados ou reivindicados numa perspectiva "conservadora". Essas ambiguidades estão embutidas em análises das transformações político-econômicas do mundo contemporâneo que não conseguem estabelecer um distanciamento entre, por um lado, a sacrossanta crítica ao pano de fundo ideológico da globalização (pós-moderno e neoliberal) e, por outro lado, as bases materiais que tornam eficaz essa investida ideológica.

Como veremos mais em detalhe ao longo deste livro, o pensamento crítico acaba como que paralisado pela batalha contra a ideologia do "pós". Para se negar legitimidade ao discurso "pós-moderno", tenta-se o atalho sinuoso que, apesar de ser cheio de nortes divergentes, bifurca-se funda-

---

2. Cf., neste registro um tanto patético, Rodrigues (1999), e para uma crítica, Cohn (1999).

mentalmente na altura da negação do "novo". Há diferentes recortes críticos caracterizados pela tentativa de negar a existência de mudanças estruturais no capitalismo contemporâneo. Quase todos convergem na convicção de que, para se manter aberta a porta da transformação democrática e igualitária do mundo, é preciso reafirmar os tradicionais limites e contradições do capitalismo. Paradoxalmente, atacando, pela negação do "novo", a ideologia do "fim da história", acata-se o teorema de uma história imutável. Temos aqui, ainda que de maneira apenas esboçada, um elemento significativo das armadilhas do discurso pós-moderno, ou seja, de sua capacidade de afirmar uma mudança radical que na realidade coincide com a tentativa de eliminar toda possibilidade (passada e presente) de qualquer tipo de mudança.[3] Uma armadilha que as abordagens que chamaremos de *anti-pós* não conseguem desvendar. Recorrendo aos instrumentos de simplificação, podemos reduzir a variedade dessas abordagens "anti-pós" em *dois grandes eixos* (que podem ser divergentes e/ou complementares). No *primeiro*, podemos colocar os teóricos críticos que, no intento de se opor à ideologia pós-moderna do "fim do trabalho", negam as dimensões "pós-industriais" e, em alguns casos, até "pós-fordistas" do capitalismo globalizado. No *segundo*, encontramos as abordagens que privilegiam a dinâmica da financeirização, em que uma crescente integração mundial dos circuitos financeiros é acompanhada pela chamada separação entre a esfera econômica, ligada às finanças, e a esfera real (da produção). Neste caso, o "novo" é integrado

---

3. Agnes Heller e Ferenc Fehér afirmam que "a pós-modernidade não é uma nova era". Mas logo esclarecem: "o que é novo (...) é a inédita consciência histórica surgida na *post-histoire*; o sentimento grassante de que vamos ficar para sempre no presente e ao mesmo tempo depois dele" (1998, p. 23).

e imediatamente negado. Reconhece-se que a financeirização constitui uma novidade, mas apenas dentro da "repetição cíclica" ou da "tendência de longa duração". Num caso como no outro, a desvinculação do capital da esfera produtiva (e conjuntamente das esferas do controle estatal) seria a causa das recorrentes turbulências econômicas, seja em termos de crises cambiais, seja em termos de desemprego e fracos níveis de crescimento econômico.

Como já indicamos, abordaremos o debate sobre fordismo e pós-modernismo do ponto de vista das transformações do trabalho no segundo capítulo deste livro. Antecipamos aqui seus termos apenas para apontar a complementaridade entre esta *démarche*, por um lado, e a reflexão sobre a crise do capital financeiro globalizado, por outro. As análises de tipo neoindustrial acabam transformando a autonomização da esfera financeira em objeto fundamental de análise. Tentaremos demonstrar que, ao contrário, não é possível analisar a crise financeira em si. A nosso ver, sua qualidade completamente nova depende dos (e não os determina) paradigmas que caracterizam os processos de trabalho no capitalismo contemporâneo.

## Entre os buracos negros da financeirização e a crise do Estado nacional

Embora de maneira não exaustiva, tentaremos reconstituir as análises político-teóricas (e não apenas técnicas) da crise financeira. Podemos inicialmente apoiar-nos na *démarche* de Robert Kurz. O *neocatastrofismo* do sociólogo alemão é um excelente ponto de partida.

Com efeito, trata-se de uma abordagem que lhe permitiu antecipar a crise asiática (em particular do Japão) e sua propagação para o continente latino-americano. Num recente artigo, Kurz vê a "capitulação do Brasil" como uma mera consequência de um *colapso do sistema mundial* [que] desdobra-se em *três planos* lógicos dispostos de certa forma em camadas superpostas" (Kurz, 1999). O primeiro tem a ver com um descompasso: o crescente aumento das forças produtivas ultrapassaria as capacidades de modernização do sistema monetário. O segundo, diretamente determinado pelo primeiro, tem a ver com a "antecipação de uma criação de valor futura que jamais ocorre". A dinâmica do endividamento que esse plano supõe e ao mesmo tempo reforça traduz-se num *capital monetário fictício* que, e aqui temos o terceiro plano, desemboca na "crise financeira, e esta, por seu turno, [na] crise monetária" (Ibid.).

A tese de Kurz pode ser resumida nos seguintes termos: a crise, como descompasso entre esfera real e esfera fictícia, seria a consequência da progressiva autonomização de uma esfera financeiro-monetária que, falsificando-a, torna insolúvel a *crise que subjaz ao capital produtivo*. Em última instância, a crise nada mais é que um poder de compra estruturalmente subdimensionado com relação às capacidades produtivas. A tentativa de solucionar esse descompasso por meio do endividamento produz o que Kurz chama de *falsificação*. A relação entre crédito e produção se inverte, uma vez que o "real" (a produção) se torna um elemento secundário do fictício (o monetário-financeiro). Enfim, "não há nenhuma solução possível de política monetária, porque os próprios fundamentos do moderno sistema produtor de mercadorias estão em xeque" (Kurz, 1999).

Tremendamente eficaz na previsão, digamos, fenomenológica das crises,[4] o aparelho conceitual de Kurz oferece um esquema interpretativo, como acabamos de ver, relativamente simples e claro. Porém, se alguns autores (cf. Fiori, 1997 e 1999) tentam encontrar nele bases de sustentação para uma alternativa política à financeirização, e portanto à globalização, eles não percebem que essa abordagem constitui um tipo de atualização do pensamento negativo frankfurtiano aos sabores da pós-modernidade: "Hoje o capitalismo devorou tudo, ocupando-se agora em digeri-lo ou transformá-lo em lixo. Com isso, a modernidade chegou ao fim de suas possibilidades, justamente porque não há mais protestos" (Kurz, 1998). O "pensador da crise",[5] em face do desmoronamento do capitalismo-cassino (Kurz, 1997), está portanto firmemente convencido de que "o sistema capitalista destrói-se (apenas) pela sua lógica interna". As possibilidades de transformação radical estão embutidas em sua catástrofe anunciada, como consequência dela e não como causa. A vontade de transformação do autor torna-se simples espera do "dilúvio" bíblico. Não há saída, nem mesmo do lado de um eventual "novo hiperkeynesianismo estatal ou supraestatal" que necessariamente seria o "último buraco negro que o capitalismo poderia criar, a fim de prolongar artificialmente sua vida" (Kurz, 1998). Assim, as propostas de "regulação supraestatal", em particular as articuladas em torno da ideia de impor uma taxa sobre transações financeiras, o "Imposto Tobin", estão, segundo Kurz, "fadadas à crise.[6]

---

4. A virada do milênio nos confirmará (ou não) a crise da China — que Robert Kurz anuncia nesse artigo e muitos outros analistas preveem — e a das três moedas centrais (dólar, iene e euro).

5. Assim rotulado pela *Folha de S.Paulo* por ocasião de uma longa entrevista publicada no Caderno Mais! em 14 de dezembro de 1997.

6. A *Tobin Tax* está se tornando, cada vez mais, um ponto de convergência das tentativas de se definir novos marcos de regulação supraestatal do mercado em

As abordagens da globalização (e da crise) em termos de separação entre as esferas real e financeira não se limitam aos ensaios de Robert Kurz, constituindo uma quase unanimidade no campo do pensamento crítico.

Esse núcleo teórico norteia um amplo leque de tentativas de redefinir os espaços da política em face do império da economia. Embora tais esforços às vezes divirjam com relação ao modo de apreender a "globalização", quer se propondo a resistir (cf. Fiori, 1997), a esse processo, quer aceitando-o como irreversível,[7] a maioria assume um ponto de partida comum. Trata-se do Estado nacional (e de sua Soberania), considerado como o espaço fundamentalmente insuperável da política e da construção de uma alternativa ao mercado. Essas teses veem o Estado como o baluarte a partir do qual seria possível combater a ditadura do capital fictício e manter a centralidade da esfera real e, portanto, da dinâmica do desenvolvimento. É a posição de Maria Conceição Tavares (1999), que afirma: "O Real

---

geral e do capital "fictício" em particular (cf. Sousa Santos, 1998, p. 53). Há pouco tempo, constituiu-se, a partir de uma iniciativa do *Le Monde Diplomatique*, uma associação denominada ATTAC (Association pour la taxation des transactions financières pour l'aide aux citoyens). A iniciativa faz referência a um "manifesto" (*Pourquoi soutenir la taxe Tobin?*) assinado por François Chesnais, Dominique Pilhon, Suzanne de Brunhoff e Bruno Jetin. ATTAC participou ativamente, por exemplo, de um Contra-Fórum de Davos. Participaram dessa mobilização transnacional a própria ATTAC, o Movimento dos Sem Terra (brasileiro), o Movimento dos desempregados e dos sem teto (da França) e a Associação dos camponeses do Burkina Fasso. Um dos primeiros objetivos dos organizadores dessas iniciativas foi a criação de um movimento de opinião contra o AMI (Accordo Multilatéral sur l'Investissement), movimento bem sucedido na França onde o primeiro ministro Jospin decidiu enterrá-la. Cf. "Quand ATTAC s'attaque à Davos", *Le Monde*, 3 fev. 1999. Em uma de suas mais recentes iniciativas, ATTAC teve, como convidado de honra, o governador de Minas Gerais, Itamar Franco — o ex-presidente foi aclamado pelo público francês como um "herói" da resistência soberana ao FMI e ao Banco Mundial.

7. Nessa perspectiva podemos citar dois autores bem diferentes, mas emblemáticos, tais como Sousa Santos (1998) ou Aglietta (1997).

morreu. Salvemos a nação!".[8] Embora o faça a partir de bases teóricas mais complexas (até porque elas "misturam" Kurz e a teoria dos ciclos de longa duração), José Luís Fiori coloca-se na mesma perspectiva. Num belo artigo, publicado no mesmo número do caderno "Mais!" (Fiori, 1999) dedicado à crise, Fiori lembra as derrotas das duas grandes tentativas de democratização do modelo de desenvolvimento no Brasil contemporâneo. A "primeira tentativa de reforma social democratizante do desenvolvimentismo" foi derrotada pela "coalizão de poder conservadora que sustentou o Golpe de 1964 e todo o período do regime militar". Bloqueados os programas socioeconômicos "universalizantes", o desenvolvimentismo conservou a "marca autoritária e antissocial" que caracterizara o getulismo, até o período de Juscelino Kubitschek. Nos anos 1990 também, a constituição democrática e universalizante (de 1988) é derrotada e será destruída pelas "mesmas forças de centro-direita que haviam sustentado o desenvolvimentismo conservador dos militares" — agora, contudo, aliadas a um componente da frente democrática que abandonou o campo progressista. Por duas vezes, portanto, a constituição de um Estado democrático teria sido inibida. O Golpe de 1964 impediu a reforma do getulismo de Kubitschek; Fernando Henrique Cardoso esvaziou a Constituição de 88. Mas, enquanto os militares mantiveram, ainda que de forma autoritária, o rumo desenvolvimentista, a "*nova* liderança intelectual" do *antigo* bloco de centro-direita converteu-se ao neoliberalismo. Hoje, "após dez anos de destruição, o Estado já não dispõe dos instrumentos indispensáveis a uma retomada desenvolvimentista", conclui Fiori.

---

8. É claro que o Estado constitui um referente fundamental para os teóricos do desenvolvimentismo. "O Estado nacional (...) assumiu progressivamente a defesa dos interesses coletivos", reafirma, por exemplo, Furtado (1998, p. 22).

O debate sobre a crise financeira global aponta, pois, para *dois eixos* interligados de discussão teórica. Um tem a ver com a questão da *autonomização da esfera do capital fictício* em relação à esfera "real". O outro com a questão do *Estado como espaço de resistência e democratização*. Nas abordagens antes apresentadas, esses dois eixos aparecem, implícita ou explicitamente, profundamente interligados. Digamos que à financeirização como diminuição da esfera real corresponderiam os espaços políticos da globalização (um Estado privado de sua soberania). Em contrapartida, o Estado (com sua soberania) permaneceria como baluarte de uma possível retomada da esfera real e, portanto, como condição *sine qua non* de uma verdadeira democratização. Precisamos, no entanto, ter um pouco mais de clareza acerca das implicações teórico-políticas dessas abordagens.

## A financeirização como ditadura do capital "fictício" sobre o capital "real" ou o "fictício" como *forma de ser* do capital?

Há um grande consenso sobre o fato de a financeirização constituir o verdadeiro pano de fundo da globalização. Os problemas aparecem quando se trata de interpretar a financeirização como tal. Por exemplo, José Luís Fiori apreende com força a dinâmica do Império[9] e sua relação com o Dinheiro. Mas o instrumental teórico dos ciclos de longa duração (cf. sobretudo Arrighi, 1994), por um lado, e

---

9. "Depois de 1991, (...) a condução americana tem sido rigorosamente imperial. (...) O comportamento econômico, cultural e diplomático dos Estados Unidos frente ao mundo tem sido o de um país que não apenas acredita mas se comporta cada vez mais orientado por uma visão unipolar do mundo" (Fiori, 1997, p. 126-128).

neo-hilferdinguiano[10] (Hilferding, 1920), por outro, não é suficiente para enxergar as bases materiais completamente novas da constituição do Império. A financeirização constituiria, segundo essa abordagem, o outono de mais um ciclo econômico da economia-mundo. Sua dinâmica confirma e "indica um reforço e expansão das mesmas tendências fundamentais" apontadas por Rudolf Hilferding (Fiori, 1997, p. 141) quanto às correlações entre financeirização do capital e cartelização mundial (e, portanto, o papel dos grandes monopólios) que acabam se encontrando nos níveis mais estratégicos do poder político. A constituição do Império tem como base uma situação em que, "desfeitas as fronteiras entre moeda, finanças e capital, as políticas monetárias se transformam em alavancas simultâneas da competição entre os estados e do jogo especulativo e de acumulação da 'riqueza abstrata'". Portanto, o Império não exprime nenhuma nova hegemonia, mas uma concentração da concorrência intercapitalista e interestatal entre "grandes blocos de poder de tipo schumpeteriano".[11]

Luiz Gonzaga Belluzzo reforça a mesma tese e a ultrapassa, ainda que de maneira parcial. A relação entre "fictício" e "real" é objeto de uma interpretação que não privilegia a separação entre as duas esferas, mas a integração da segunda

---

10. O economista alemão Hilferding foi o primeiro a apreender, desde 1910, a especificidade da dinâmica do capital financeiro como resultado da fusão entre grande capital industrial e capital bancário. Ministro das Finanças da República de Weimar em 1923 e 1928, Hilferding assumiu uma posição que lhe permitiu descrever os processos de fusão e concentração do capital e propor novas ferramentas para a análise do capital monopolista.

11. No mesmo registro, Furtado (1998, p. 38) afirma: "A estrutura internacional de poder evolui para assumir a forma de grandes blocos de nações-sedes de empresas transnacionais que dispõem de rico acervo de conhecimentos e de pessoal capacitado" (Fiori, 1997, p. 143).

# TRABALHO E CIDADANIA

(a produtiva) na primeira (a financeira). Gonzaga Belluzzo aponta o papel conjunto da "sensibilidade à inflação e [da] aversão à iliquidez. [Estes dois mecanismos] funcionam como freios automáticos, cuja função é conter o crescimento da economia real (...)" (Belluzzo, 1997, p. 189). Desta maneira, aparece claramente que a verdadeira novidade está no fato de que a "acumulação produtiva vem sendo 'financeirizada'" (Ibid., p. 191). Ou seja, o capital financeiro proporciona os novos padrões disciplinares de blocos de capital transnacional que lideram "uma nova etapa de reconcentração e recentralização" monopolista. Sob as aparências da "vitória dos mercados (...) estamos assistindo à reiteração da famigerada 'politização' da economia" (Belluzzo, 1997, p. 192). O Estado torna-se fundamental para assegurar as externalidades* das grandes empresas transnacionais.[12] As novas problemáticas "produtivas" da financeirização são alcançadas. Mas, a nosso juízo, a clivagem entre o "real" e o "fictício" impede que se veja o verdadeiro deslocamento paradigmático. José Carlos Braga parece consciente desse desafio e apresenta explicitamente a necessidade de ultrapassar o paradigma clássico (cf. Souza, 1997, p. 196-197, esp. nota 2 da p. 197). A financeirização não se justapõe à produção "real", mas constitui "o modo de ser da riqueza contemporânea, sua gestão e aspectos de sua dinâmica sistêmica, (...)" (Ibid.). Mas nem essa intuição pioneira alcança o deslocamento. O paradigma da autonomização das esferas é mantido.

---

\* Por meio desta noção, a teoria econômica tenta dar conta de dinâmicas produtivas cada vez mais dependentes de fatores não mobilizáveis (e, portanto, não contabilizáveis) nos tradicionais moldes formais.

12. Esta dimensão paradoxal do reforço do papel do Estado como consequência da perda de sua soberania monetária e financeira aparece como fundamental, claramente a partir de um ponto de vista oposto, em Drucker (1997, p. 162-165).

Não poderíamos deixar de ressaltar a importância dessas análises para a compreensão da atual etapa do capitalismo. Ao mesmo tempo, elas ainda nos parecem insuficientes. Por quê? Fundamentalmente por não abrirem nenhuma perspectiva para uma crítica da economia política da globalização. O ponto de vista nelas desenvolvido é o da longa duração da economia-mundo[13] (Fiori) ou o da lógica sistêmica da economia monetária (Belluzzo e Braga). Num caso como no outro, é impossível encontrar o ponto de vista do trabalho vivo. A única opção política, quando ela ainda existe, encontra-se do lado do Estado ou eventualmente da soberania nacional. O fato é que os embasamentos teóricos valorizados nessas abordagens vetam-se a possibilidade de apreender o novo pela negação, *a priori*, do deslocamento paradigmático. No eterno retorno do capital e de seus ciclos de longa duração, as dimensões sistêmicas da financeirização afirmam, muito mais que a autonomização do capital "fictício" do capital "produtivo", a autonomização determinista da economia política em face das dimensões concretas das contradições de classe.

Veremos, nos próximos capítulos, que a discussão acerca da noção de "fordismo" constitui um aporte significativo para sair desses impasses. Mas, já neste parágrafo, precisamos antecipar alguns elementos de crítica. Estes dirigem-se, por um lado, aos pressupostos hilferdinguianos dessas interpretações da globalização e, por outro, à pertinência da clivagem real/fictício.

Em um livro recente, o economista suíço Christian Marazzi aponta o cerne da questão.[14] A atualidade da obra

---

13. A inspiração em Fernand Braudel e Immanuel Wallerstein, *via* Giovanni Arrighi, tem um papel importante neste sentido. Para uma resenha crítica da teoria do capitalismo histórico de Arrighi, cf. Hardt (1998). Para uma crítica mais ampla da teoria dos ciclos, cf. Negri e Hardt (1999, p. 11, parte I, Cap. 1.1).

14. O livro de Marazzi foi resenhado por Negri (1998).

de Hilferding é apenas aparente. "O capital financeiro contemporâneo não é o resultado da fusão entre grande capital industrial e capital bancário, mas da fusão institucional das funções do dinheiro (meio de troca, meio de tesaurização, meio de investimento) de maneira a poder dominar sem obstáculos os mercados globais" (Marazzi, 1998, p. 94-95).

Até aqui estamos no mesmo nível do uso crítico de Hilferding que Belluzzo e Braga propõem ao indicar que a lógica financeira condiciona as escolhas de investimento e de reestruturação produtiva, tornando "financeira" a própria produção. Mas a produção da qual está se falando já não é mais a mesma. O capital financeiro não se desloca mais entre os setores produtivos em função da composição orgânica do capital. As bases materiais da "cartelização" não se encontram mais na grande indústria pesada (da época de Hilferding) ou na grande indústria taylorista do período fordista. É nesse nível que Marazzi atinge o deslocamento do paradigma. O que atribui esse novo poder ao dinheiro (ao capital na forma de dinheiro) não são nem as técnicas nem as políticas financeiro-monetárias em si, mas a *nova qualidade do trabalho*, uma qualidade que os mercados conseguem (ou tentam) medir e, portanto, controlar. A força dos mercados financeiros globalizados (a força do "fictício") está na realidade no fato de serem mais adequados do que os tradicionais arranjos industriais (do capital "real" e de sua composição orgânica) para enfrentar os novos processos de valorização. Como aponta Negri, Marazzi indica que, "paradoxalmente, só os mercados financeiros seguem o trabalho em seu êxodo da velha base industrial, em que o taylorismo, o fordismo e o keynesianismo (...) o confinavam, antecipando e prefigurando valores que correspondem mais precisamente às novas medidas sociais da produtividade" (Negri, 1998).

O "novo modo de ser" da riqueza contemporânea não se deve a uma guinada antiprodutiva do capital, mas é o único meio que lhe resta para tentar retomar o controle sobre um trabalho cujas dimensões produtivas independem, cada vez mais, de sua submissão ao capital produtivo e a seu chão fabril. No pós-fordismo, é a essência do capital que é "fictícia" (parasitária) e, portanto, não tem mais condições de ser "real". É por isso que os investimentos financeiros não acompanham mais, como na teoria de Hilferding, os diferentes níveis de composição orgânica do capital, aponta Marazzi. Não é apenas o capital "fictício" que é improdutivo, mas o capital em geral que é cada vez menos capaz de ser "real", ou seja, cada vez menos capaz de se pôr como condição necessária das combinações produtivas.

A valorização financeira tem bases em um novo regime de acumulação cuja dinâmica de produtividade não pode ser medida pelos padrões tradicionais. As abordagens em termos de separação das "duas" esferas apreendem corretamente a mudança mas, quase que de maneira pós-moderna, ficam na superfície dela.[15] Assim, Belluzzo pode afirmar: "Diante do desempenho da acumulação de capital, não é surpreendente que *a produtividade cresça mediocremente, as taxas de desemprego sejam tão elevadas* ou que os assalariados sofram com o declínio dos salários reais" (Belluzzo, 1997, p. 190; grifos nossos).[16] Na realidade, a produtividade não cresce porque seu indicador não muda. Ou seja, medida pelos tradicionais padrões de cunho industrial, a produtividade fica estagnada. A me-

---

15. Devemos a Fredric Jameson (1991) a definição da "superficialização" do mundo no pós-modernismo.

16. Cf. também Sennet (1998, p. 75-98). Sennet associa a fluidez e a flexibilidade do novo regime de acumulação às dimensões superficiais do modo de produção pós-moderno.

dida oficial da produtividade deve ser necessariamente errada, pois a definição é sempre a mesma, ou seja, *a quantidade de produto por hora de trabalho*" (Marazzi, 1998, p. 99-100; grifo do autor). A definição é sempre a mesma, mas os processos de valorização mudam radicalmente.[17]

A crise da produtividade aponta para um verdadeiro enigma, que não reside no esgotamento de seu crescimento, mas da própria unidade de medida. Precisamos entender o modo de ser "financeiro" da riqueza a partir de um processo de valorização completamente novo. Com a unidade de mensuração, o que entra em crise é a própria noção de "fictício" e de "real". Mas a clivagem "fictício *versus* real" implica uma discussão que não se limita à oposição entre financeiro e produtivo.

A noção de capital fictício faz referência à sua dimensão improdutiva de valores "reais". Embora nas situações de efetivo subdesenvolvimento essa dimensão possa parecer intuitivamente clara, ela está longe de ser efetiva. Ela implica, por um lado, que se aceite a tradicional clivagem entre trabalho produtivo e trabalho improdutivo e, por outro, que se ignorem as complexas correlações que ligam a produção ao consumo. Desde os trabalhos da escola de Frankfurt, não é mais possível aceitar esse determinismo produtivista segundo o qual, por exemplo, produzir carros

---

17. Christian Marazzi sustenta esse debate para uma reflexão (Ibid., p. 97-99) sobre as contradições internas à teoria marxiana do valor, baseando-se no trabalho de Negri (1979) e de Napoleoni (1974). Num outro nível, a ausência de critérios objetivos de mensuração se traduz, nas relações entre capital e trabalho, em um forte elemento de pressão política sobre um trabalhador que não consegue apreender as marcas do controle gerencial e portanto estabelecer estratégias de autonomia. R. Sennet atribui a esse desnorteamento o sofrimento e a ansiedade que caracterizam o trabalho no pós-fordismo. Não são apenas os capitais, mas também os *trabalhadores* que vivem *"constantly on the edge"* (Sennet, 1998, p. 79-80).

(e estradas engarrafadas) seria "real" (e produtivo) ao passo que as redes de intercâmbio comunicativo seriam fictícias e "irreais".[18] Entre essas duas esferas, na realidade, a verdadeira clivagem encontra-se na dinâmica da criação de emprego assalariado como critério de acesso à riqueza socialmente produzida. Veremos que uma das características do pós-fordismo é a de difundir socialmente o trabalho ao mesmo tempo em que o emprego formal diminui. Ao desassalariamento formal corresponde, na verdade, uma expansão do assalariamento de fato. Quando temos como referente as economias centrais (mas isso vale também para os segmentos urbanizados das economias periféricas), podemos facilmente ver que as capacidades produtivas alcançaram níveis tais que os problemas de abastecimento dos mercados se tornaram qualitativos.

A questão central, portanto, é cada vez menos a da produção da riqueza e cada vez mais a de sua distribuição e da circulação,[19] uma circulação que se torna tendencialmente produtiva. Já o fordismo encontrara a chave do problema na dupla articulação do salário. O fator de custo (de produção) integrava o vetor da demanda. No pós-fordismo, a relação salarial (formal) perdeu sua dinâmica universalizante e, logo, sua capacidade de funcionar como motor, ao mesmo tempo, da formação da mais-valia e de sua realização. A questão da distribuição da riqueza socialmente produzida está reaberta. É nessa re-abertura que reaparece a clivagem "real *versus*

---

18. A circulação monetário-financeira é, antes de mais nada, circulação de informações, determinação das relações sociais de comunicação.

19. É por isso que a esfera financeira e monetária se torna tão importante. Trata-se de formas de circulação que proporcionam soluções determinadas a uma alocação da riqueza (acumulada na poupança, ou nos fundos de pensão) que não encontra mais na relação salarial formal o tradicional padrão de valor.

fictício". Agora, a menos que se transforme a produção industrial e o emprego assalariado (e a própria condição da exploração) em metas (e não em bases de transformação social), o problema, este sim "real", é a distribuição da riqueza. Um problema que o fordismo conseguia controlar pelos seus arranjos técnico-produtivos e que, no pós-fordismo, aparece em toda sua essência sociopolítica.

Nesta perspectiva crítica (ou seja, na perspectiva da emancipação), a produção de carros pela Ford pode ser tão fictícia quanto a financeirização da tesouraria da firma multinacional. O emprego representa uma variável importante apenas na medida em que é condição de acesso à riqueza e não enquanto tal. Os próprios mercados financeiros, bem como as "sete vidas" do *Welfare State* dos países centrais, apesar de quase 20 anos de reação liberal, mostram que a riqueza socialmente produzida está cada vez mais distribuída para além da relação salarial. Paradoxalmente, na época da "ditadura" dos mercados e do Estado-mínimo, a distribuição da renda constitui-se em um campo fundamentalmente político.

Nas economias periféricas, onde o desenvolvimento da produção de massa aconteceu sem uma verdadeira universalização da sociedade salarial e de suas normas de consumo (de massa), essa dimensão da "distribuição" da riqueza pode parecer menos central em relação à questão da "produção" de riquezas. O que necessariamente se traduziria na renovada atualidade e urgência do projeto "desenvolvimentista". Mas, feliz ou infelizmente, o desenvolvimentismo não tem mais nenhuma *chance* de ser uma saída viável dos *impasses* neoliberais. Por quê? Porque no período em que o modelo desenvolvimentista ainda tinha as possibilidades técnico-industriais de criar um círculo virtuoso entre produção e consumo não se deram as condições sociopolíticas para esse deslocamento. O endividamento externo, contraído para financiar a industrialização ao longo dos anos 1970, transformou-se nos anos 1980 (por causa da brusca elevação da taxa de juros dos mercados internacionais e da intensa drenagem de capitais para os Estados Unidos) em tremendo motor de transferência líquida de riqueza para o exterior. De receptores, os países do terceiro mundo passaram a supridores de capitais internacionais, devendo, concomitantemente, aumentar o esforço de poupança e reduzir o investimento interno (Furtado, 1998, p. 35, 40-41). As conquistas formais de direitos sem verdadeira redefinição das bases materiais destes (quer dizer, das relações de forças entre as classes) juntaram-se ao próprio modelo de consumo hipersegmentado (quer dizer, limitado às classes médias) para puxar o processo inflacionário.

Neste período, no nível global, o regime de acumulação mudou radicalmente. A produção se socializou e se transformou. Por um lado, ela se desmaterializou (é cada vez mais produção e comunicação de informações) e, por outro, conseguiu (exatamente graças a essa mobilização produtiva do imaterial) abastecer os mercados sem universalizar a relação salarial (e portanto sem distribuir riqueza!). Os investimentos recentes das firmas transnacionais do setor automotivo no Brasil são um exemplo extremamente forte desses novos paradoxos. Os investimentos estatais (sob forma de incentivos fiscais, doações de terrenos, infraestruturas e até de participação acionária, como no caso da Peugeot de Porto Real, no Estado do Rio de Janeiro) são completamente desmedidos com relação aos retornos em termos de empregos (diretos e indiretos). Em alguns casos, como acontece com a Ford, que devia abrir uma planta industrial no Rio Grande do Sul (e agora na Bahia) e assim diminuir pela metade o emprego em outra planta no ABC paulista, essas intervenções contribuem até para criar desemprego. Hoje em dia, "o desemprego é gerado tanto pela estagnação da economia quanto pelo seu crescimento", lembra Furtado. O que isso significa? Que não é mais possível pensar que o processo de assalariamento de massa (o desenvolvimento industrial) possa funcionar como instrumento de integração cidadã, ou seja, de distribuição da renda e de universalização dos direitos. A dinâmica está completamente revertida. É a distribuição prévia da renda que pode permitir a universalização dos direitos, dos padrões de consumo e sobretudo da integração produtiva. Ainda mais, na medida em que entendemos que essa distribuição da riqueza significa "melhoria" da qualidade da população (isto é, antes de mais nada, educação e serviços universais e de qualidade), essa condição prévia constitui um elo essencial para se evitar um reforço da marginalização do Brasil dentro da nova divisão internacional do trabalho.[20]

Lembramos, enfim, que a questão do "fictício" deve também ser vista na perspectiva da relação cada vez mais complexa entre a produção "material" e a exploração dos recursos naturais e ambientais, que aparecem limitados e não renováveis. Os *limites ecológicos* de produção e consumo de massa aparecem para as economias periféricas fortemente urbanizadas (como no caso do Brasil) de maneira particularmente perversa. Por um lado, eles não são o fruto de uma verdadeira democratização do consumo (como aconteceu nas economias centrais) e, portanto, ainda constituem uma meta a ser atingida. Por outro lado, pelo próprio modelo de colo-

---

20. Aprofundaremos essas temáticas da cidadania como condição *ex-ante* da inserção produtiva no segundo capítulo.

nizacão, pelos níveis de densificação urbana e os evidentes problemas de planejamento do espaço público (cujos indicadores se encontram sobretudo no controle privado de serviços essenciais, como os de transportes coletivos), eles indicam limiares de tolerância ambiental ainda mais frágeis (insustentáveis, para se usar o termo "na moda"). Por exemplo, metrópoles como o Rio de Janeiro e São Paulo, com taxas de motorização bem inferiores aos Estados Unidos e à Europa, mostram-se incapazes de tolerar um crescimento significativo da circulação de automóveis sem riscos de colapso generalizado do trânsito e do meio ambiente. Aqui também a clivagem "material *versus* fictício" pode ser submetida ao crivo da crítica.

Neste nível, é claro que a clivagem "real-fictício" deve ser repensada numa perspectiva crítica que necessariamente implica a produção de novos valores, a produção de um novo mundo. A noção de *antivalor* proposta por Francisco de Oliveira[21] tem exatamente o interesse de apontar as dimensões contraditórias (e não apenas funcionais) das conquistas operárias cristalizadas no "fundo público" do Estado Social das economias centrais (Oliveira, 1997a). De maneira mais geral, precisamos repensar, em face dos desafios atuais, a própria noção de riqueza, ou seja, fugir às determinações quantitativas da produção de objetos (que reificam os desejos nos valores de troca) para chegar às determinações qualitativas da riqueza como fruição do mundo. Por um lado, temos a acumulação de objetos produzidos e consumidos à custa de um tempo de vida reduzido aos espaços do trabalho abstrato. A

---

21. Por meio da noção de antivalor, Francisco de Oliveira dá conta de uma dinâmica do *Welfare State* (fundo público) que não pode ser reduzida a meros efeitos da regulação econômica. O fundo público foge, ao menos parcialmente, à lógica do mercado, às leis da valorização do capital: ele age como antivalor.

# TRABALHO E CIDADANIA

produção do mundo se separa das condições de sua fruição, a forma de seu conteúdo. Por outro, a riqueza coincide com a cooperação social que a produz. O produto do trabalho não é apenas mais-trabalho e mais-valia, mas criação coletiva de um novo mundo (Negri, 1990, p. 29). Produzir o mundo e gozá-lo constituem dois momentos inseparáveis.[22] Essa abertura não é determinista, pois cresce dentro do antagonismo entre essas duas determinações do valor, dentro da práxis da crítica, da luta e do antagonismo. É no limiar dessas novas contradições que o desenvolvimento se separa do crescimento, que o debate tecnocrático sobre "sustentabilidade" pode adquirir um sentido.[23]

Concluindo, ainda que de maneira provisória, temos a confirmação de que, para não restringir a crítica à análise da superfície dos fenômenos financeiros, devemos deslocar o debate para o terreno da análise da relação entre a crise do fordismo e a emergência dos paradigmas do pós-fordismo. Mas, antes disso, precisamos voltar ao outro eixo do debate sobre globalização financeira, ou seja, à questão do Estado nacional e de sua soberania.

---

22. Apreender essa clivagem implica uma crítica radical da "ideologia do trabalho" e de sua imagem reflexa, "a ideologia do fim do trabalho". Ou seja, "precisamos ir para além da justificação da dor e apreender a transfiguração prática da dor. Não há valor — só há possibilidade de criá-lo (...)" (cf. Negri, 1990, p. 102). Mais em geral o trabalho deve ser analisado à luz da oposição entre o fazer (sem qualidades) e a ação. Cf. também Berardi (1994, p. 68-69).

23. A passagem do regime de acumulação fordista ao pós-fordismo pode ser qualificada como afirmação de uma *cultura do limite*. Quando o fordismo se qualificava por mercados espacialmente limitados e comercialmente ilimitados (os mercados de massa), o pós-fordismo inverte os termos, um mercado geograficamente ilimitado e comercialmente saturável. A "irreversível crise do fordismo", diz Marco Revelli (1995, p. 171), "(está inscrita) no fato de que o modelo de vida e de consumo que constituía o eixo fundamental da produção de massa... atingiu seu limite extremo de desenvolvimento (e que) ele não pode mais ser estendido ao 'resto do mundo'".

# O Estado contra o capital fictício?

José Luís Fiori acredita que a globalização caracteriza-se por um processo de financeirização que não diminui o papel do Estado, mas apenas dissolve sua soberania. O fato verdadeiramente novo é, portanto, constituído pela "diluição da soberania" (Fiori, 1997, p. 137). Com isso, "os estados nacionais [das] 'economias emergentes' estão sendo transformados, neste final de século, numa espécie de 'guardiães paralíticos' de uma moeda de que de fato não dispõem e de um equilíbrio fiscal que lhes escapa das mãos empurrado pelo círculo vicioso de sua política monetária" (Ibid., p. 141). A forma do Império do dinheiro é o fato de uma dinâmica monetário-financeira que, utilizando-se do poder dos Estados, se emancipa de seu controle soberano.[24]

As recentes declarações do economista Rudiger Dornbusch confirmam, embora de um ponto de vista diametralmente oposto, a análise de Fiori. O "Brasil [deveria deixar] para trás as ilusões tropicais". O veredicto é bastante simples: "A inflação e a taxa de câmbio são um problema perene dos últimos 20 anos, responsável pelo fato de o crescimento *per capita* ter sido zero durante todo esse período. Chega! Livrem-se do Banco Central, como fez a Argentina" (Dornbusch, 1999a). E não se trata apenas de economias periféricas. Esta análise vale também para a Europa e o euro. "Como pode a periferia escapar da praga histórica de um banco central e uma moeda nacional? Fazendo o que a Argentina ou a Itália fizeram: abandonando a moeda nacional e criando um vínculo sólido com uma moeda de classe mundial" (Dornbusch,

---

24. "A globalização não está eliminando os estados, apenas está redefinindo as suas hierarquias e seus espaços e graus de autoridade no exercício de suas soberanias" (Fiori, 1997, p. 134).

1999b).[25] Celso Furtado se pergunta (não certamente com a mesma empolgação de Dornbusch!) "se já é algo impróprio falar de sistema econômico com respeito ao Brasil" (Furtado, 1998, p. 45).

Diante desses diagnósticos, a defesa da soberania constitui, *ipso facto*, uma incontornável hipótese política de resistência? Existem eventualmente possibilidades de redeterminar seus meios e seus espaços a partir de novas articulações políticas entre as entidades macro ou supra-estatais (os "grandes blocos", tais como a União Europeia) e os "quase-estados" (os Estados destinados a desaparecer)? A resposta a essas questões não é nem imediata nem linear. Por quê? Porque o alinhamento (ou o enfrentamento) em torno de posições que implicam a defesa da soberania nacional e, portanto, do papel do Estado nacional acaba determinando alianças transversais e ambíguas, muitas vezes de interesses opostos.[26]

---

25. Sem contar com a leviana equiparação entre as condições de dolarização da economia argentina pela adoção do *currency board* e as de integração de uma economia como a italiana (país que participou, desde o começo, do longo e hipernegociado processo de integração europeia) no âmbito do euro, notamos que no mesmo artigo Dornbusch fornece um interessante exemplo da soberania monetária. "A macroeconomia é coisa do passado no que tange às iniciativas locais. Isso é bom para um mundo em que, sempre que o Banco da Itália praticava 'política monetária independente', os investidores não conseguiam fugir rápido o bastante." Uma afirmação extremamente interessante quando se leva em conta que há claras evidências de que, na recente crise do Real, a obtemperância das autoridades brasileiras às diretivas do FMI respondesse sobretudo à necessidade de fazer com que "os capitais se mandassem usufruindo de uma taxa de câmbio favorecida (...)". Cf. Belluzzo (1999).

26. O conflito entre governo federal e governadores das oposições, logo depois da reeleição de 1998, é bastante exemplar do terreno escorregadio das alianças de tipo "nacionalista". A radicalidade do governador de Minas Gerais com relação aos demais não corresponde, com toda certeza, a uma história de compromisso com os interesses e as lutas populares. Ter clareza sobre esse dado não significa atribuir a crise a Itamar, nem menosprezar a importância política para a reorganização das oposições que essa posição firme pode ter. Ao mesmo tempo, isso significa que é

Como apontamos acima, o retorno ao papel do Estado na regulação econômica afirmou-se de maneira extremamente ampla. A quase totalidade dos países europeus é atualmente governada por coalizões de cunho neossocial-democrático. A própria crise de credibilidade do projeto político ancorado ao Real acaba de derrubar, na América Latina, uma hegemonia neoliberal que os países centrais começaram a ultrapassar desde o começo da década de 1990. A economista-chefe da primeira administração Clinton, Laura D'Andrea Tyson, aponta com clareza a necessidade de se pensar em novas formas de regulação do "tumulto global". Apesar da burocracia e dos quebra-cabeças regulatórios que podem criar, bancos centrais fortes são vistos como instrumentos fundamentais para se limitar os excessos dos investidores sem escrúpulos e às vezes corruptos. Até as privatizações, sem a vigência de regras claras e respeitadas, se aproximam de algo como um "furto sofisticado". Enfim, o mundo precisa de *new multilateral governance arrangements* (Tyson, 1998).

Em termos mais implícitos, podemos ler uma análise do mesmo tipo no artigo do vice-presidente do Banco Mundial, Joseph Stiglitz (1998, p. 3-5). O reforço do papel do Estado aparece aqui como exigência fundamental de novos instrumentos de política econômica. "Fazer os mercados funcionarem exige mais do que apenas uma inflação baixa, exige uma ordem financeira sólida, uma política de incentivo à competição e políticas que facilitem a transferência de tecnologia, e transparência (...)".[27] Stiglitz sublinha como muitos dos problemas da

---

preciso analisar com lucidez, no fogo da crise, a abertura dos leques de alianças e de forças e não perder o ponto de vista fundamental da crítica: o ponto de vista do trabalho vivo.

27. Cf. também Stiglitz (1998a). Lembramos que Stiglitz é economista-chefe do Banco Mundial.

TRABALHO E CIDADANIA

crise asiática deveram-se, exatamente ao contrário dos dogmas neoliberais, à "(...) falta de ação do governo". A era pós-neoliberal já começou. Mas isso não significa que a globalização desmorone junto com ela. Ao contrário, as propostas de uma D'Andrea Tyson ou de um Joseph Stiglitz visam, *via* sua regulamentação, seu controle. Nessas perspectivas, entre instituições nacionais e supranacionais, o futuro papel do Estado pode ficar ambíguo, exceto no caso do Estado norte-americano enquanto "nação cujos interesses correspondem quase inteiramente aos dos donos do mercado mundial" (Negri, 1999).

Em termos politicamente mais claros, o economista Michel Aglietta propõe que se retomem os princípios teóricos da "escola da regulação": é preciso pensar as mediações sociais que possam orientar a acumulação capitalista no sentido do *progresso* (Aglietta, 1997, p. 437). O progresso pode relegitimar o capitalismo reconciliando mercado e solidariedade. Para tanto, seria necessária a "renovação do projeto social-democrático (...)" (Ibid., p. 460). E a renovação do projeto social-democrático passa, segundo Aglietta, pelo resgate do papel integrador do Estado (Ibid., p. 470 ss.). Um pouco no mesmo sentido vão as indicações de Celso Furtado, seja quando, no momento agudo da crise do Real, reivindica a necessidade de se organizar a moratória para evitar "compartilhar com o sistema financeiro internacional o governo do país" (Furtado, 1999), seja quando tenta pensar a renovação do papel integrador e desenvolvimentista (de cunho social) de um Estado brasileiro que está sendo destruído em nome da inserção competitiva na economia internacional (Furtado, 1998, p. 79-81).[28]

---

28. Furtado estabelece uma correlação direta entre enfraquecimento do papel dos Estados nacionais e os prejuízos para as "massas trabalhadoras organizadas

Precisamos saber se efetivamente as estratégias de resistência e de luta podem assumir o Estado-nacional como um referente fundamental diante do capital globalizado e de suas instituições. O Estado-nacional pode ser, nos países do Norte, o ator da luta contra a exclusão, para a transformação solidária do sistema de *Welfare* herdado do fordismo (e sucateado por mais de 15 anos de políticas neoliberais)? É possível tornar os Estados pós-desenvolvimentistas atores de políticas econômicas que privilegiem o crescimento e a integração socioeconômica dos importantes segmentos populacionais que ainda vivem em condições precárias ou de miséria absoluta?

Responder a essas questões é bastante difícil e, ao mesmo tempo, de uma extrema urgência. Se a dramaticidade da crise explica essa urgência, as dificuldades podem ser resumidas nos seguintes pontos. Em primeiro lugar, devemos considerar que as condições materiais para que o Estado possa voltar a ter um papel de regulação econômica e de integração social já não são as mesmas. Nas economias centrais, a globalização dos mercados envolve de maneira significativa a esfera da produção de bens e de serviços. Como o próprio Aglietta aponta, isso implica definição de esferas transnacionais de regulação. Nas economias periféricas, a desregulamentação do setor público foi mais recente, mais rápida e também mais radical. Como observa Fiori, o Estado não dispõe mais do conjunto dos instrumentos necessários para sustentar novas políticas econômicas.

Em segundo lugar, a ideologia do Estado mínimo não significa (e não significou) redução real do papel do Estado,

---

(...) em proveito das empresas que controlam as inovações tecnológicas" (Ibid., p. 29).

mas o reforço de algumas de suas funções. O Estado neoliberal tende a reduzir os espaços de participação democrática e é permeado por fortes tendências autoritárias. E não se trata apenas de regular o mercado. Sobretudo, o Estado é fundamental enquanto *Estado de polícia*. Podemos ler nas colunas de Gary S. Becker (1999), Prêmio Nobel de Economia em 1992, verdadeiras pérolas do pensamento econômico pós-moderno: "A melhoria nas condições de vida nos Estados Unidos durante as últimas duas décadas não se deve nem aos baixos níveis de desemprego nem à contínua prosperidade econômica do país, e sim à redução da criminalidade. Muitos fatores contribuíram (...) mas (...) o *mais importante foi a ampliação da detenção e da punição dos criminosos*" — afirmações apoiadas em estudos conduzidos por economistas da conhecida Universidade de Chicago. O fato de isso significar que "cerca de 1% da população adulta" dos Estados Unidos esteja nas prisões deve-se apenas à "triste [situação da] moralidade moderna (...). Também é perturbador que os homens negros tenham oito vezes mais probabilidade de ser presos do que os homens brancos (...)". E a pérola final: "Alguns intelectuais estabeleceram um mito (...) ao alegar que a criminalidade não pode ser impedida por estar relacionada de maneira rígida à pobreza, e que somente poderá ser reduzida por reformas sociais radicais. Na realidade, os Estados Unidos mostraram que *pobres e outros podem ser dissuadidos de cometer crimes*". Certamente não mostraram que podem reduzir o paradoxo que já Hegel apontava em sua *Filosofia do direito*, o da "pobreza na riqueza". Como aponta Francisco de Oliveira, a "desuniversalização da dominação, que portanto redefine-se como apenas dominação, des-democratiza e transmuta-se em totalitarismo" (Oliveira, 1997).

Em terceiro lugar, apostar no Estado significa de toda maneira pensar que nele se encontra uma figura (ou um conjunto de figuras) de mediação social. O Estado poderia e deveria ainda constituir um terceiro termo, a cristalização do "interesse geral". É neste terceiro nível que se encontram as questões essenciais sobre o papel que o Estado poderia ter (ou que se poderia atribuir a ele). Teríamos aqui todos os elementos para uma discussão sobre a relação entre democracia e Estado. Mas essa discussão transcende o âmbito de nossa reflexão. Sem nos recusar a utilizar elementos deste debate, achamos mais interessante tentar avaliar a pertinência da conceituação do "interesse geral" (e do Estado como figura de mediação do conflito capital × trabalho) na perspectiva do que foi a *forma-Estado keynesiano-fordista*.

Nesta perspectiva, as reflexões de Jürgen Habermas sobre a unificação das Alemanhas Oriental e Ocidental podem servir como ótimo ponto de partida. Para atacar as abordagens saudosistas (e neonacionalistas) em termos de retorno à antiga "grande" Alemanha, Habermas tenta valorar a especificidade e a novidade da República Federal Alemã (RFA) enquanto forma de um Estado que, por causa da derrota, perdeu sua soberania e fez disso a sua "virtude". Toda a energia do filósofo alemão se insurge contra o retorno da história, para afirmar que é preciso trabalhar sobre as tradições que não tiveram sucesso e, portanto, sobre os acontecimentos que marcam as crises das tradições. A única lição que a história pode, pois, fornecer é a das rupturas e não das imitações (cf. Habermas, 1997, p. 45-47). A unificação das duas Alemanhas deve assim ser vista não como retorno à continuidade da tradição do Estado alemão, mas a partir da ruptura de 1945. Desta maneira, Habermas explicita a análise que faz da forma-Estado que caracterizou a República Federal Alemã (RFA) e o conjunto dos países da Europa ocidental no segundo pós-guerra. "Em todos estes países, a *pacificação do conflito de classe* em termos de Estado social produziu uma nova situação" (apud Redondo, 1997, p. 34; grifo nosso). A emergência do indivíduo portador de direitos teria determinado um deslocamento de prioridades, da nação imaginária dos membros da comunidade histórica e étnica para a nação real dos cidadãos.

O que Habermas não vê é que, nas formas materiais de integração *via* relação salarial, um outro tipo de soberania se afirma: trata-se da soberania do trabalho assalariado e das formas de disciplinarização e exploração que este implica e determina. Na RFA, na marginalização da soberania da nação, Habermas vê as mediações entre igualdade e liberdade e, portanto, uma esfera estatal constituída de direitos reais e não imaginários; contudo, ele desenvolve a linha de seus trabalhos "teoréticos [que sempre] tiveram [como objetivo definir as condições de afirmação de um] equilíbrio suportável entre dinheiro, poder e solidariedade" (Redondo, 1997, p. 114). Para Habermas, fundamentalmente, "devemos reconhecer os benefícios conseguidos pela diferenciação da economia capitalista" e nos concentrar nos "custos sociais, culturais e ecológicos (...)". Ou seja, o conflito não é mais interno às relações capital/trabalho, mas tem a ver com "os ataques colonizadores do dinheiro sobre os âmbitos da vida estruturados comunicativamente (...)" (Redondo, 1997, p. 152). A contradição não é mais interna às relações de produção e encontra-se no fato de o "capitalismo ser indiferente em face dos desequilíbrios morais do mundo da vida". Digamos que o capitalismo, mais do que combatido, deve ser "domado"[29]

---

29. Podemos desdobrar este paradoxo no nível da esfera da democracia. Habermas afirma a necessidade de um poder molecular como condição de um uso público da razão. Mas, aceitando a relação dialética que separa o princípio do re-

a partir de um ponto de vista externo, o ponto de vista do *lebenwelt*. Com efeito, a ausência de uma análise subjetiva (e portanto da centralidade do trabalho e de suas contradições) obriga Habermas a resolver a questão da verdade em função do pragmatismo da "boa argumentação" (Habermas, 1997, p. 158). Na discussão sobre as origens e as ambiguidades do Estado nacional, ele aponta as formas de autocompreensão que o compromisso fordista havia proporcionado, após 45, na RFA enquanto Estado pós-nacional (Habermas, 1997, p. 179-180). Desta maneira, o Estado de "bem-estar", resultado de uma efetiva pacificação do conflito de classe, teria deslocado o terreno da crítica (da verdade) para as práticas comunicativas do mundo da vida.

A crítica de Habermas ao nacionalismo saudosista alemão termina em dois paradoxos. Um primeiro, específico à conjuntura da unificação alemã, consiste em negar as dimensões sociais de um conflito de classe que a separação da Alemanha em dois Estados sem soberania nacional cristalizou, mas não eliminou. A "pacificação" não é a estrutura básica do Estado keynesiano. O enfrentamento entre os "blocos" apenas jogou para fora um conflito que, em última instância, era o motor da "regulação" fordista. Um segundo paradoxo tem a ver com a clivagem fundamental que Habermas propõe entre as esferas da racionalidade instrumental e a do agir comunicativo. Na medida em que a primeira ultrapassou suas contradições internas (pela pacificação social), a segunda constitui o baluarte da crítica, um "nível" externo ao regime de acumulação (o mundo da vida) que resiste à colonização instrumental. De repente, o trabalho (o agir instrumental) não pode mais

---

sultado, ele faz do contrário do poder molecular, o poder molar, algo que não deve ser destruído, mas apenas planejado e controlado (1997, p. 97, 156, 161, 163).

TRABALHO E CIDADANIA

sediar as contradições capazes de produzir a verdade. É apenas na esfera do agir comunicativo, do consumo e da cultura que as contradições aparecem. O paradoxo poderia ser resumido, de maneira provocatória, afirmando que, para Habermas (1997, p. 156, 161-163), *trabalhar a vida toda na fábrica taylorista é bom (pacífico); tomar Coca-Cola é ruim (conflitual)*!

Entretanto, embora Habermas encontre na pacificação das lutas de classes os termos de um Estado social sem soberania, diferentes autores aceitam a tese da pacificação e fazem dela a base de uma plataforma política que põe em seu cerne o Estado. É o caso, por exemplo, de Francisco de Oliveira. Apesar de sua noção de *antivalor* apreender a dimensão extremamente contraditória do "fundo público", Oliveira fica preso à visão habermasiana do pacto social como pré-condição de um *welfare* que teria sua base no Estado, na contradição entre "razão do Estado" e "razão dos capitais". O Estado social keynesiano aparece como um "máximo de publicização" que consegue "privatizar tudo". Mas esse "tudo" está definitivamente encaixado numa forma pública do Estado. Nesta essência mecanicamente pública do Estado é que encontramos "o núcleo [revolucionário] da proposição keynesiana": a "dialética do processo resulta em que ele é urdido para assegurar interesses privados, mas só o pode fazer, somente se torna eficaz, se eles se transformam em interesses gerais, públicos" (Oliveira, 1997a, p. 50-1). Uma visão que se torna ainda mais explícita quando Oliveira afirma que, "da mesma forma como a entrada da classe trabalhadora na disputa eleitoral redefiniu a democracia (...), também uma esfera pública burguesa, penetrada por um fundo público que é o espaço do deslocamento das relações privadas, deixa de ser apenas uma esfera pública burguesa". Desta maneira, ele afirma, "*parafraseando Habermas*, que no máximo de intransparência é possível distinguir, nitidamente, a esfera pública, redefinida dessa forma, da esfera privada".[30]

Na realidade, não é apenas nas análises habermasianas que o Estado se encontra no cerne das hipóteses alternativas aos mercados. A noção do interesse geral (Rousseau) configurado na forma de um Estado que saberia impor a vontade geral aos interesses particulares constitui o pano de fundo quase hegemônico das interpretacões de "esquerda" do Estado providência, bem como do período fordista. Às vezes, a vontade geral personificada no Estado social junta-se a uma maldisfarçada visão positivista da modernidade. O interesse geral coincidiria com a linha do progresso e justificaria portanto a possibilidade de se identificar dinâmicas de transformação baseadas na identificação *a priori* dos fins (Furtado, 1998, p. 64) e, pois, na legitimação da transformação "imposta do alto".[31]

Contudo, a abordagem habermasiana constitui uma clara tentativa de recuperação crítica da tradição iluminista. Mas o reconhecimento da originalidade e das rupturas determinadas pela forma-Estado do fordismo-keynesianismo se faz à custa da centralidade do trabalho vivo. Por um lado, Habermas esvazia o Estado (e a razão instrumental) de sua capacidade de autoafirmar o sentido de seu desenvolvimen-

---

30. Desta maneira, Oliveira acaba desvitalizando a crítica que faz à escola francesa da regulação. Ele afirma que os regulacionistas "não trabalha(m) com modificações no próprio valor" (p. 59). O antivalor, a demonstração "social-democrata (...) da virtualidade da exploração" (p. 60) não se encontra na forma-Estado do fordismo, mas nas dimensões subjetivas do conflito de classe que preencheram de conteúdo a forma taylorista-keynesiana (Ibid., p. 54; grifos nossos).

31. Para uma interpretação hegeliana de Marx e uma legitimação do Estado como vetor de transformacão progressista, do alto, da sociedade, cf. Losurdo (1997, p. 141): "(...), pode ocorrer que *momentos essenciais de liberdade real sejam impostos do alto*, com uma série de reformas (...)".

to. Por outro lado, entregando a produção da verdade à autocompreensão da esfera da racionalidade não orientada para o sucesso (do mundo da vida), ele acaba atribuindo uma autonomia relativa à esfera dos meios (uma vez que esta foi pacificada).

Para sair desses *impasses*, o debate contemporâneo acerca do fordismo e do pós-modernismo se torna *incontournable*. No nível da discussão sobre o fordismo, tratar-se-á de ver como este regime de acumulação foi fruto não da pacificação mas sim de um conflito nunca resolvido. Na própria dinâmica do fordismo estava embutido o reconhecimento (e não a redução) do conflito. A partir dessa visão, podemos construir um ponto de vista subjetivo sobre o Estado social.

Este ponto de vista, o do *trabalho vivo*, é que deve ser mobilizado para tornar as transformações atuais sensatas. É nesse sentido que a obra de Marx continua a ser fundamental. O conceito de *trabalho vivo*, enquanto fundação e motor de cada inovação e de toda a produção, é fundamental para estabelecer o nexo entre "liberdade" e "igualdade", entre libertação política e emancipação econômica, entre os meios e os fins. Como lembra Negri (1992, esp. Cap. VII), com "o trabalho vivo, [que] produz a indistinção do econômico e do político", Marx consegue apontar o sujeito adequado à estrutura e, portanto, uma visão da *modernidade*, sempre *aberta* entre, por um lado, a *potência constituinte do trabalho vivo* e de seus agenciamentos concretos e, por outro lado, sua redução dentro *do poder constituído do trabalho morto* e de seus arranjos abstratos. A partir do ponto de vista da potência do trabalho vivo, podemos ultrapassar as visões monolíticas da modernidade e, desta maneira, desvendar a falsa crítica do pós-modernismo ao "esclarecimento" como dimensão unitária do moderno. Atacando o moderno como tradição unitariamente totalitária (e "termidoriana"), os pós-modernos negam a "outra" tradição moderna, a da revolução humanista da Renascença; a da imanência, da singularidade e da diferença (Negri e Hardt, 1999, p. 5). O pós-moderno tenta fazer da falência de "uma certa concepção do progresso e da modernidade (...) o instrumento de destruição da confiança coletiva na própria ideia de práxis social emancipatória" (Guattari, apud Châtelet, 1998, p. 141). Fazendo da modernidade a história do totalitarismo e do poder, o pós-modernismo concentra-se na luta contra as formas antigas do poder e torna-se, na melhor das hipóteses, apenas um sintoma da crise da modernidade. Na pior das hipóteses, o discurso pós-moderno se torna, consciente ou inconscientemente, funcional às práticas das novas configurações do poder na pós-modernidade (Negri e Hardt, 1999, p. 9).

# CAPÍTULO II

# Fordismo e pós-fordismo: algumas referências conceituais

# Introdução

Neste fim de século, a economia e a paisagem política dos diferentes Estados nacionais estão submetidas a fortes tensões de origem endógena e exógena. Os planos de estabilização monetária marcaram as economias periféricas. No Brasil, o Plano Real e a recomposição político-institucional que ele permitiu sancionaram o fim da fase de transição democrática que caracterizou a década de 1980 (Vainer, 1995).

No encontro dessas duas dimensões endógenas, entre elas e com as pressões exógenas da chamada globalização, emergem projetos político-econômicos que enterram definitivamente todo tipo de perspectiva de rearticular ou adaptar os modelos desenvolvimentistas. Os novos blocos de poder visam traduzir sua ainda precária hegemonia política em uma adesão incondicionada ao discurso convencional da competitividade externa.[1] Essa adesão ideológica esconde, na realidade, a articulação de um projeto político fortemente sobredeterminado pelos "constrangimentos" econômicos. A endogeneização da "ideologia global da globalização" aparece mais como um instrumento para "estabilizar no médio prazo a estabilização" do que como uma lúcida escolha po-

---

1. Referimo-nos aqui ao chamado "Consenso de Washington".

lítica por parte de um coerente grupo de interesses. No caso do Brasil, a fragilidade da base socioeconômica do novo bloco político obriga o poder executivo a resolver os diferentes "gargalos" por sucessivas *fuites en avant*.

Uma das consequências desse quadro conjuntural[2] (e dos trunfos dessa política de *courte vue*) é, exatamente, a de encurralar a chamada "oposição" política no mesmo *impasse*. Na realidade, isso é possível também e sobretudo porque esses dados conjunturais se sobrepõem a uma visão estrutural bem mais enraizada na esquerda progressista. Tal visão, derivada das interpretações evolucionistas do papel "positivo" do capital, explica a clivagem "Norte-Sul" do ponto do vista do capital. Os países desenvolvidos seriam dotados de um capitalismo bem mais "civilizado" de que os países periféricos. Aliás, alguns destes últimos seriam caracterizados por formas econômicas arcaicas, do tipo pré-capitalista. Sempre de acordo com essas visões, um dos elementos de "civilização" do capital seria o das condições de institucionalização e legalização do mercado — o Estado e as democracias "avançadas" constituindo, no fundo, o marco desses níveis de diferenciação democrática entre os diferentes países. Daí, pouco falta para que essas abordagens apresentem as economias centrais como modelos institucionais exemplares.

É exatamente para criticar essas simplificações que queremos correlacionar os maiores níveis de desenvolvimento econômico e institucional aos maiores níveis de aprofundamento dos processos de democratização real e aos níveis de distribuição da renda. Queremos, enfim, apontar como essas duas condições permissivas não dependem, em nada, da pró-

---

2. Sublinhamos aqui que a problemática conjuntural dos planos de estabilização apenas fornece a nosso ensaio um gancho contextual que enfatiza o interesse de um esclarecimento conceitual sobre as noções de fordismo e de pós-fordismo.

pria lógica do capitalismo, mas, muito pelo contrário, da vitalidade dos limites sociais que ele historicamente encontrou e enfrenta. Ou seja, queremos propor uma operação de reapropriação operária e antagonista da dinâmica do desenvolvimento, desde a época heroica das lutas para a regulamentação da jornada de trabalho até as grandes lutas do "operário-massa" taylorista. A democratização da relação salarial e a distribuição keynesiano-fordista da renda devem ser lidas na perspectiva do desenvolvimento da sociedade (quer dizer, do espaço público das relações sociais) e não na do Estado (como espaço normativo das relações de dominação).

A ideologização do embate político, praticada de maneira sistemática e grosseira pelos meios de comunicação de massa com relação a qualquer tipo de explosão social, encontra-se reforçada pela multiplicação de "batalhas" abstratas[3] sobre as privatizações, a "reeleição", a "desregulamentação". Como já vimos, no começo dos anos 1980, com os primeiros governos neoliberais (o de Margaret Tatcher e o de Ronald Reagan) produz-se o absurdo espetacular da reversão aparente dos papéis entre as oposições e o Governo neoliberal. No Brasil, perversamente aliada aos blocos políticos e sociais que produziram e respaldaram a emergência de uma formidável máquina estatal de produção da desigualdade e reprodução de uma das sociedades mais hierarquizadas do planeta, a elite tecnocrática cinicamente propõe-se como a inimiga do corporativismo estatal, de seus privilégios e de seu autoritarismo. Fortemente desnorteadas por não terem previsto os impactos das transformações econômicas globais sobre a composição técnica da classe, as organizações sindicais e,

---

3. Abstratas porque, por *sacrossantas* que sejam, só conseguem mobilizar os militantes e os partidos, sem determinar nenhum tipo de mobilização social capaz de abrir uma brecha real na dinâmica da desregulamentação.

mais em geral, as da esquerda tentam preencher esse vazio de perspectiva apegando-se aos segmentos sociais mais organizados (em particular os que estão na administração pública) e acabam, por um lado, vestindo a roupagem conservadora e corporativa que o patrulhamento mediático lhe costura e, por outro, sendo incapazes de desideologizar o embate para tornar a questão da reforma do Estado objeto de uma vasta mobilização social.

Abrir os termos deste paradoxo só é possível na medida em que apontamos para um debate mais global. Especialmente se o debate sobre Reforma do Estado se colocar na perspectiva da crise do modelo desenvolvimentista, crise esta situada no horizonte das transformações paradigmáticas que caracterizam a emergência do regime de acumulação pós-fordista neste fim de milênio.

## A crise dos modelos desenvolvimentistas e corporativos na perspectiva da crise da forma-Estado keynesiano-fordista

Os processos de desregulamentação que atravessam países como Brasil, México e Argentina inserem-se numa tendência de ordem global. O esgotamento, simultâneo, de um dado modelo de desenvolvimento econômico, bem como dos parâmetros ideológicos e da modalidade de intervenção estatal (Diniz, 1997), não se limita nem ao Brasil nem à América Latina, mas abrange os processos de afirmação do pós-fordismo e sua dinâmica globalizadora.[4] Nesta perspectiva, a desregu-

---

4. No que se refere à crise do modelo desenvolvimentista em face da pressão da internacionalização dos mercados, Edward J. Amadeo (*Gazeta Mercantil*, 21-23,

lamentação constitui apenas uma articulação específica da tendência geral ao redesenho das relações que ligam as esferas pública, estatal e econômica no mundo inteiro.

Podemos dizer, portanto, ainda que de maneira esquemática, que os específicos processos de Reforma do Estado inserem-se no amadurecimento global da crise irreversível do modelo de regulação que caracterizou as economias fordistas e as marcadas pelas políticas de industrialização por substituição das importações no segundo pós-guerra.

## Intervencionismo estatal e regulação keynesiano-fordista

O progressivo alargamento dos campos de intervenção do Estado afirmou-se historicamente no período entre as duas guerras nos Estados Unidos, e na Europa ocidental a partir do segundo pós-guerra.

A periodização clássica é a seguinte. Nas décadas de 1920 e 1930, a crise emerge como horizonte imanente da regulação pelo mercado das dinâmicas econômicas. A crise

---

mar. 1997) propõe um esquema descritivo bastante claro. Amadeo lembra que "é importante separar a estratégia de proteção do setor industrial (baseada na substituição das importações) do aumento do constrangimento externo nos anos 1980. A primeira foi parte da estratégia de desenvolvimento enquanto o segundo, parte da resposta à crise da dívida. A partir de um certo momento tornou-se impossível distinguir as duas fontes de proteção e suas consequências de longo prazo para a economia. A combinação de ambos levou a um elevadíssimo nível de proteção da indústria brasileira, basicamente 'desligando' a economia brasileira da economia mundial". Nesta perspectiva, o recuo do Estado (ou seja, a diminuição do nível de proteção da indústria nacional pela abertura econômica do país) corresponde a um esforço de reinserção na economia mundial. Amadeo lembra como também Gustavo Franco "vê a integração da economia brasileira ao mercado global como a base de uma nova estratégia de desenvolvimento".

do liberalismo, do *laissez-faire* e de seu sistema de governança internacional (a que Karl Polanyi chamou de "Grande Transformação") culminou na grande depressão. Esta anunciou a "catástrofe", isto é, as diferentes formas de ressocialização dramática do campo econômico que se concretizaram no nazifascismo e prepararam a segunda grande conflagração mundial.[5] A partir da segunda metade dos anos 1930, afirmam-se, nos Estados Unidos, a heterodoxia econômica keynesiana e os compromissos sociais dinâmicos da administração Roosevelt.[6] Com a derrota da Alemanha, o modelo americano torna-se o paradigma de referência de um processo de reconstrução das economias europeias fortemente marcado pela ativa intervenção do Estado na regulação econômica. Começa a *revolução invisível* das três décadas "gloriosas" de crescimento rápido e regular descritas por Jean Fourastié.[7]

A forma-Estado que se afirmou nos países centrais nessa época está, portanto, intimamente ligada à passagem da "economia política" às "políticas econômicas". Tratou-se de uma orientação hegemônica e homogênea, mesmo se ela não deixou de permitir, em função dos específicos compromissos sociais e institucionais, o desenvolvimento de diferentes trajetórias nacionais. Esse modelo só pôde afirmar-se com uma força coerente naqueles países que conseguiram se dotar

---

5. Sobre o nazifascismo enquanto keynesianismo sem fordismo, cf. Mason (1995). Na obra do historiador inglês, a dinâmica do fordismo aparece, até mesmo no Terceiro Reich, como fruto específico de uma mudança geral das relações de troca entre capital e trabalho. Foi a ausência de compromissos de classe que, segundo ele, determinou a inclinação guerreira e suicida do nazismo.

6. Para uma apresentação histórica das condições de emergência do fordismo e do papel das lutas operárias (cf. Tronti, 1978).

7. É a Jean Fourastié (1979) que devemos esta definição dos "trinta gloriosos", ou os 30 anos de 1946 a 1975.

de condições sociopolíticas bem determinadas. O fator decisivo foi a emergência de uma dinâmica virtuosa, alimentada pelos modos de repartição dos ganhos de produtividade, entre acumulação e salários reais. Foi na relação salarial que esse modo de repartição dos ganhos de produtividade entre capital e trabalho se afirmou, permitindo a recomposição dinâmica de produção e consumo de massa. Assim, podemos dizer que o fordismo baseou sua força homogeneizadora mais nas novas características da relação salarial do que nas próprias políticas econômicas. É por isso que o período de difusão das políticas econômicas de inspiração keynesiana, e de fortes e regulares taxas de crescimento, pode ser considerado como o da vigência da relação salarial fordista.[8] Todos os outros elementos (concorrência monopolista, mercado autocentrado, economias de escala) mostram-se tão importantes quanto determinados, em última instância, pela relação salarial fordista.

Desenvolver esta abordagem significa apontar, como primeiro elemento de caracterização das economias centrais em face das periféricas, os níveis de distribuição da renda que a própria relação salarial determina, direta (os salários reais) e indiretamente (o sistema de *Welfare State*). Num contexto caracterizado pelo fraco desempenho do comércio internacional de bens manufaturados, pela definitiva afirmação da hegemonia norte-americana sobre a Europa e pela competição com as economias marcadas pelo planejamento autoritário da Europa oriental (a guerra fria), a regulação fordista implicou, no âmbito de mercados fundamentalmente autocentrados, a emergência de formas adequadas de repre-

---

8. Usamos como referência a abordagem da escola francesa da "regulação" e em particular o livro pioneiro de Aglietta (1976). Cf. também Boyer (1986).

sentação política e integração social dos atores estratégicos do novo modo de produção. Assim como aconteceu nos primeiros anos do *New Deal* rooseveltiano, a rearticulação keynesiana do papel do Estado e a organização sindical dos trabalhadores constituíram os eixos fundamentais de legitimação da nova forma-Estado. Isto é, a expansão do papel do Estado, e em particular de sua intervenção direta na regulação do mercado e no controle de porções importantes do aparelho produtivo, teve como condição necessária a recomposição política, em sujeitos coletivos, das elites empresariais e dos trabalhadores ao mesmo tempo. Em outras palavras, podemos dizer que o Estado-planejador (fordista-keynesiano) afirmou-se como dispositivo de integração do conflito social. Este último transformou-se assim de trabalho "negativo" (de ruptura) em principal fator de desenvolvimento. O *Collective Bargainning* rooseveltiano determinou um duplo movimento de subjetivação:[9] o dos trabalhadores que se recompuseram no sindicato de tipo novo e o das elites empresariais (públicas e privadas) que reconheciam-se na nova figura do Estado intervencionista e na hegemonia madura da heterodoxia keynesiana que o perpassava.

O fordismo qualifica-se, portanto, pela articulação entre um "regime de acumulação" (taylorista) e um "modo de regulação" da repartição dos ganhos de produtividade. É este último que explicita e valoriza a ambivalência dos salários como fatores de custo e vetores da demanda. Pois o cerne do mecanismo fordista encontra-se na dinâmica dos ganhos de produtividade, da qual depende o crescimento,

---

9. Onde esta redução do conflito dentro da dinâmica do desenvolvimento não aconteceu, a guerra é que constituiu a solução, como no caso do nazifascismo e da hegemonia do político que, conforme Tim Mason, o caracterizou.

simultâneo e interdependente, da acumulação e dos salários reais. São, portanto, as formas institucionais de regulação da relação salarial que qualificam as tarefas do Estado regulador-intervencionista.

## Corporativismo fordista e corporativismo periférico: modos específicos de produção da cidadania

É neste nível que podemos colocar, embora de maneira provisória, algumas questões sobre os modelos interpretativos da forma-Estado na América Latina.[10] Eli Diniz lembra que "uma vasta bibliografia mostra o prevalecimento das estruturas hierárquicas de controle do Estado sobre a sociedade, difundindo-se o recurso ao modelo corporativo de intermediação dos interesses". Donde a característica do Estado corporativo: induzir um mecanismo hierárquico que não é reduzido pela prévia institucionalização das regras da competição política (Sousa Santos, 1998). Assim, o processo de industrialização por substituição das importações, mesmo se acompanhado pela sistemática intervenção do Estado e pela ampliação das esferas de atuação deste, não chega, por exemplo no Brasil, a recompor as instâncias de organização e as de representação dos interesses que caracterizaram as economias fordistas centrais. O Estado brasileiro (e latino-americano em geral) continua tendo um papel demasiadamente centralizador na administração de um conflito

---

10. Lembramos que não é objeto deste ensaio um debate sistemático sobre a forma-Estado na América Latina. Apenas queremos abrir alguns eixos de reflexão a partir da modelização heurística da forma-Estado keynesiano-fordista.

distributivo que, esvaziando o papel dos partidos políticos, determinará a subordinação da "organização dos grupos emergentes à tutela estatal [e] à incorporação política pela via do corporativismo estatal" (Diniz, 1997).

Essas análises colocam elementos essenciais de interpretação da correlação perversa entre o papel fundamental do Estado no processo de industrialização do Brasil e, ao mesmo tempo, os bloqueios que esse mesmo intervencionismo condiciona, impedindo a formação de uma verdadeira esfera da representação política, isto é, um sólido sistema dos partidos, dos diferentes interesses sociais e dos conflitos que eles determinam. O que se enfatiza é o papel do corporativismo do Estado como elemento fundamental, ao mesmo tempo, do processo de industrialização e do de periferização do modelo. Traçando os limites de demarcação que separam o Estado-corporativo periférico do das economias centrais, essas abordagens terminam por mistificar a análise da forma-Estado no "fordismo central". Por um lado, elas sublinham corretamente a clivagem existente no nível dos específicos processos de construção da representação dos interesses, ou seja, na presença, ou na falta, de um maduro sistema de partidos como condição da mediação dos interesses coletivos das elites empresárias e dos trabalhadores. Por outro lado, esses autores atribuem à esfera do político e à figura do Estado uma autonomia originária, digamos constituinte, que na realidade não dá conta das formas do político no fordismo.

A representação torna-se assim o ponto de partida do processo de legitimação da dinâmica fordista, dos termos de repartição dos ganhos de produtividade, e portanto de construção de uma cidadania que teria sido caracterizada pela forte institucionalização das regras e dos conflitos. O ponto de partida teria sido, pois, representado, no fordismo, pela constituição formal. Assim, inverte-se o processo e faz-se coincidir os diferenciais de desenvolvimento com os de democratização do Estado. O corporativismo das social-democracias europeias seria, por definição, mais democrático que o das elites estatais latino-americanas em geral. Nesta perspectiva, seria possível explicar os diferentes níveis de democratização apenas em função de uma presumida "tradição democrática" que, na realidade, não pode ser aplicada ao conjunto dos países centrais. Dessa maneira, as relações de causa e efeito acabam sendo revertidas, afirmando um nível desejável de neutralidade do Estado como condição necessária para uma correta mediação dos interesses privados das elites e dos trabalhadores.[11] Ou seja, postula-se que a democracia política funcione como *conditio sine qua non* da democracia econômica, e não vice-versa.

Os teóricos que desenvolvem essas análises não percebem que, na regulação fordista, a centralidade dos partidos no processo de representação dos interesses no nível do Estado não dependia das capacidades agregadoras destes, mas da potência do conflito entre capital e trabalho e dos processos de integração que a própria dinâmica do conflito determinava. Aliás, as formas embrionárias de organização "fordista" da esfera pública, nos Estados Unidos da segunda metade dos anos 1930 e na Europa dos anos 1950, tinham como atores

---

11. Estamos longe de representar uma mera caricatura do debate sobre o "ovo e a galinha". Por exemplo, no caso do keynesianismo nazista, a questão da "proeminência" do político sobre o econômico é uma (se não a essencial) das razões encontradas por Tim Mason na interpretação da dinâmica suicida do nazismo. A guerra enquanto solução, pelo conflito exterior, das precárias condições de controle da classe operária numa situação onde a *primauté* do político impedia, claramente, todo tipo de outro relacionamento com a classe. Nesta determinação, a mais brutal ditadura do capital sobre a classe determinou rumos economicamente inviáveis e, portanto, uma saída política suicida.

fundamentais as novas organizações sindicais de massa (e muitas vezes despolitizadas, esvaziadas da tradição política do movimento operário "histórico"), bem mais que os partidos políticos.[12] A força de agregação destes últimos apareceu na fase de maturidade do modelo (no fim dos anos 1960) como um produto da força da "classe" e não vice-versa. Nesta perspectiva, no Brasil, não são os "(...) partidos [que] revelaram-se incapazes de funcionar como instrumento de universalização e racionalização das demandas básicas da sociedade" (Diniz, 1997), mas a sociedade de massa universalizadora que faltou aos partidos para que estes pudessem afirmar seu papel no processo de legitimação da representação institucional. Da mesma maneira, a "privatização de segmentos expressivos do Estado" não é a consequência da fraqueza política dos partidos, mas de relações de domínio tão desfavoráveis aos trabalhadores industriais[13] que os capitalistas isolados não precisavam chegar a mistificar seus particularismos "irracionais" na representação do "interesse geral", isto é, na figura do Estado-planejador fordista.

Em termos foucaultianos, poderíamos dizer que as relações de força não determinaram a problematização das relações "vencidos-vencedores" (Foucault, 1997, p. 142). E isso não porque a guerra não constituísse o pano de fundo da sociedade brasileira, mas em razão do fato de que os processos de reforço e/ou enfraquecimento dos diferentes grupos sociais acabaram sendo hipostasiados. Uma hipóstase que, limitando a guerra "dos grupos contra os grupos" (Ibid., p. 144), manteve a hob-

---

12. O conflito está na base também do modelo japonês (cf. Antunes, Ricardo, 1998, p. 24-25). Antunes, sublinhando corretamente esses elementos na genealogia do "toyotismo", apoia-se em B. Coriat.

13. O que não significa que no nível do país como um todo as dinâmicas das lutas de classe fossem fracas. Apenas queremos dizer que a classe operária fabril era fraca.

besiana guerra de "todos contra todos". Isso determina uma fraca historicização das relações de força, que se mantiveram essencialmente como objetos políticos sem que a burguesia precisasse "tomar consciência de si mesma" (Foucault, 1997, p. 145) e, com isso, sem que precisasse se opor às forças oligárquicas atrás das quais continuou a se abrigar. Expropriada a multidão, o Príncipe ficou sozinho e a política organizou-se como fortuna, na continuidade da guerra contra uma virtude que nunca conseguiu sair de sua fase embrionária, de uma guerra orientada contra a historicização das relações de força.

Paradoxalmente, o Estado-desenvolvimentista era mais "estável" e, por causa disso, menos eficaz na integração do conflito social e, portanto, menos dinâmico nos ritmos de desenvolvimento. Mantendo as devidas precauções, podemos até dizer que a forma-Estado dos países periféricos se parece com as economias sobredeterminadas pelo "político", a Itália mussoliniana e sobretudo a Alemanha nacional-socialista, e, muito mais, com alguns dos traços que caracterizaram a União Soviética no segundo pós-guerra. Isto é, parece-se com uma economia em que o crescimento é empurrado pelos insumos e pelos investimentos, sem chegar a determinar o ciclo virtuoso do consumo. A dinâmica de substituição das importações não encontra a expansão autorreforçada dos mercados internos. Sem mercados de massa, sem crescimento estável e previsível, a mobilização das forças de trabalho, que deslanchou de maneira independente, acabou determinando um processo de metropolização sem que o ciclo econômico tivesse os recursos para absorver os contingentes de migrantes.[14]

---

14. A mobilização das forças de trabalho, sabemos, acaba determinando a constituição de bolsões de miséria nas grandes metrópoles brasileiras. Notamos que

Construindo de modo espontâneo e autônomo os maiores recursos econômicos (potencialmente industriais) do Brasil contemporâneo, os migrantes mostravam as potencialidades reais que o curto-circuito autoritário acabou desperdiçando. A violência dos processos de segregação social e espacial não conseguiu impedir que a "autoconstrução" da cidade adquirisse infraestrutura própria. Neste movimento, afirmou-se a irreversível independência do êxodo rural. O *enfermement* de um *ar urbano persistentemente livre* só foi possível ao preço da desvitalização do potencial produtivo que a autonomia do êxodo carregava. A substituição das importações permitiu ao Brasil construir o maior parque industrial da América Latina, mas nunca chegou a constituir um verdadeiro mercado interno. A distribuição de renda definiu-se assim como o verdadeiro enigma do desenvolvimentismo. O longo período de alta inflação foi o maior sintoma deste impasse. A alta inflação anunciou e articulou, por um lado, as condições para a crise da dívida externa e, por outro, o ciclo perverso do narcotráfico e da difusão social da violência como eixo importante da reprodução do domínio. É neste quadro que se verifica a dramática deformação da questão da violência nas grandes metrópoles brasileiras. A segurança do Estado, a continuidade dos importantes níveis de desigualdade constituem-se às expensas do espaço público. Ou seja, o empobrecimento e a retração das relações sociais de cooperação e de constituição do espaço público

---

esse processo mostra como as migrações não constituem uma determinação das necessidades capitalistas de alimentação do mercado de trabalho, mas um fenômeno de resistência e independência. Onde isso encontrou as dinâmicas virtuosas dos salários reais, as migrações alimentaram o desenvolvimento fordista. Onde isso não aconteceu, elas alimentaram, como foi o caso no Brasil, os processos de metropolização selvagem que conhecemos.

TRABALHO E CIDADANIA

tornam-se condições fundamentais de controle da hierarquia social. Sem poder sustentar os ritmos acelerados de urbanização das populações rurais por meio de uma verdadeira dinâmica de distribuição da renda, as comunidades autoprodutoras do espaço metropolitano inevitavelmente tiveram de atingir seus reservatórios de externalidades urbanas, sociais e culturais. Um *impasse* que os níveis de violência que caracterizam o conjunto das grandes metrópoles latino-americanas e brasileiras mostram ainda sem saída previsível. Um beco sem saída cujos custos sociais, mas também econômicos, são incalculáveis.

Esta situação da "ordem pública", nas grandes metrópoles brasileiras como o Rio de Janeiro ou São Paulo (mas não unicamente nelas), determina posições paradoxais, em particular quando a questão da violência se junta com a da "impunidade" e, mais em geral, sobre as condições de ocupação do espaço público. Não é raro ver intelectuais e ativistas políticos da "esquerda" unir suas posições às explicitamente "conservadoras" na reivindicação da aplicação da Lei e de uma gestão mais ativa do espaço público. Sem contar as armadilhas nas quais essas *démarches* caem quando, por exemplo, se tornam (involuntariamente?) instrumentos de discursos repressivos quanto aos trabalhadores do informal (como é o caso da repressão pelas municipalidades do Rio e de São Paulo dos "camelôs"), elas apresentam evidentes problemas teóricos e políticos quanto à concepção da democracia. Em particular, falta-lhes uma reflexão adequada quanto ao fato de o poder (a Lei) não ser uma entidade transcendental, mas uma relação entre os princípios fundadores, por um lado, e as condições de aplicação. Ou seja, não existe Lei abstrata, mas aplicação da lei. Como lembra a crítica marxista do constitucionalismo e do direito, só existe o "império da lei e do direito" quando a "espada" (a violência) pertence à nação inteira, ou seja, quando "é o povo que autoriza a lei". *The voice of people is the voice of God*", diziam os revolucionários ingleses. Ao contrário, a transcendentalização do direito com relação a suas fontes e a entrega da soberania ao Estado nacional (e suas polícias profissionais) acabam necessariamente no "império dos homens e da força". Só na república temos o governo da lei contra o governo dos homens, pois só a república é produtora e produzida pela virtude. E, como dizia William Blake, *"Jesus is all virtue, and acted from impulse, not from rules"* (cf. Negri 1990, p. 137-138, 145, e também Hill, 1996, e Thompson, 1994).

Com base nestas reflexões parciais, podemos listar quatro indicações sobre a análise da forma-Estado nas economias periféricas e, por consequência, sobre as problemáticas da fase de desregulamentação que marca o fim da década de 1990.

Em primeiro lugar, aparece claramente que a figura do Estado intervencionista periférico não deve ser vista nem como "mais fraca", nem como mais instável do que a dos sistemas estatais das economias fordistas maduras. Muito pelo contrário, estas últimas é que tiveram de enfrentar uma maior instabilidade social e, portanto, produzir um sistema político fortemente aberto e dinâmico.

Em segundo lugar, podemos apontar uma indicação mais geral sobre a forma do Estado keynesiano-fordista. Esta não pode ser pensada como própria de um período de estabilidade política e de regularidades econômicas. Paradoxalmente, o Estado planejador (o Estado-plano) é na realidade um Estado-crise, um Estado produto da crise cuja característica fundamental é a de conseguir integrar o conflito reconhecendo-o e transformando-o no próprio vetor do crescimento econômico.

TRABALHO E CIDADANIA

Por isso, podemos assinalar, em terceiro lugar, que o papel do intervencionismo estatal, por importante e difuso que fosse nas economias centrais, só conseguia constituir-se como elemento fundamental da regulação fordista enquanto configuração coletiva dos interesses das elites capitalistas em face dos interesses organizados dos trabalhadores massificados pelo taylorismo. O Estado-crise não representava um terceiro polo no conflito pela distribuição dos ganhos de produtividade, mas o processo de constituição de um dos polos do conflito: o capital coletivo que articulava socialmente o domínio da ciência (da Organização Científica do Trabalho) sobre o trabalho vivo, o domínio instrumental da produção sobre as dinâmicas de reprodução e consumo de massas de trabalhadores cada vez mais organizadas e combativas.

Enfim, nesta perspectiva, o "modo de regulação fordista" emerge como um dispositivo endógeno à relação salarial, em que as regras institucionais só têm um papel na medida em que reconhecem e generalizam as relações de força que nesta se determinam. Produção e consumo de massa se alimentam reciprocamente pelas reivindicações salariais e pelo incremento da composição orgânica do capital. É essa dinâmica altamente conflitual que legitima a lógica da representação que sustenta o sistema dos partidos fordistas. A maior instituição, a que caracterizou o conjunto das diferentes variantes nacionais do fordismo, é a própria relação salarial fordista e sua força real era o próprio conflito de classe.

Em última instância, as características fundamentais do fordismo se resumem, por um lado, no alto nível de autonomia da classe operária e, por outro lado, no simultâneo incremento de composição orgânica do capital e dos ganhos de produtividade.

## Ter direito aos direitos

Na perspectiva desenhada acima, e na medida em que a organização fabril da produção de massa aparece como o lugar de objetivação das dinâmicas constituintes do conflito interno à relação salarial fordista, podemos dizer que, neste paradigma, o acesso à cidadania real foi fortemente subordinado à integração na relação salarial. A relação salarial fordista tornou-se a base objetiva da constituição material do intervencionismo estatal, isto é, da "constituição trabalhista" do *Welfare State*. As especificidades das constituições formais (ou seja, das formulações jurídicas das diferentes nações envolvidas no processo) tornaram-se completamente inexpressivas em face da dinâmica homogeneizadora produzida pela hegemonia dos princípios fordistas. À multiplicidade das constituições formais correspondeu, portanto, a extensão de uma constituição material, ou seja, da vigência de uma convenção fundamental de repartição dos poderes e dos contrapoderes, do trabalho e da renda, dos direitos e das liberdades que era substancialmente a mesma em todos os países centrais. A integração produtiva funcionava como uma promessa de ascensão social pela melhoria das condições reais de vida e, sobretudo, como um poderoso fator de integração cidadã.

Mas, ao analisar as clivagens entre as economias centrais e as periféricas, não podemos esquecer que, nas suas formas mais maduras, o corporativismo fordista dos países centrais foi antes de mais nada o corporativismo do sindicato e do capital coletivo. Suas dimensões universalizadoras dependeram mais das escalas maciças de mobilização produtiva e de padronização consumidora da sociedade do que de um verdadeiro papel público do sistema de representação organizado pelos partidos políticos. O próprio sistema de *welfare* estruturou-se em função e em torno da relação salarial, trabalhadores e empresários garantindo-se assim a universalização de seu poder mais do que de um princípio geral de acesso universal a um determinado sistema de bens e serviços.

O acesso aos diferentes dispositivos do *Welfare State* (cf. Cocco e Lazzarato, 1993) (seguro-saúde, seguro-desemprego, sistemas de aposentadoria etc. etc.) hierarquizou-se em função da relação salarial.[15] Pertencer a ela era a condição *sine qua non* de "ter direito aos direitos"[16] do Estado de Bem-Estar. A própria composição dos órgãos de administração dos diferentes dispositivos do *Welfare* estruturou-se, portanto, pela integração, na gestão destes, das organizações representativas dos trabalhadores (os grandes sindicatos de massa) e dos empresários (as grandes organizações setoriais e confederais das indústrias nacionais).

Neste marco, o papel dos partidos políticos sempre foi subordinado, por um lado, ao fato de se constituírem como representantes dessas mesmas forças (os grandes partidos operários, comunistas na França e na Itália, social-democratas na Alemanha e na Inglaterra) e, por outro, à extensão social

---

15. Embora os dispositivos de "bem-estar" fordistas tenham conhecido uma contínua expansão das suas funções de maneira cada vez mais independente da evolução da relação salarial do mesmo nome, eles continuam sendo hierarquizados em torno dela. O que constitui um dos principais problemas da "Reforma do Estado" nos países centrais.

16. Sobre a noção de "ter direito aos direitos", cf. Boutang (1997). Para uma abordagem mais global da passagem do esclavagismo para o trabalho assalariado, Boutang (1998). Yann Moulier Boutang desenvolve na perspectiva histórica uma reflexão crítica sobre a noção de mobilidade das forças de trabalho. Da mesma maneira que Christopher Hill (1996, p. 48) apontara como o "vagabondage was (...) the route from serfdom to liberty".

das hierarquias e das segmentações próprias da relação salarial fordista — o que se concretizou nos vastos processos de funcionalização espaço-temporal da metrópole e das regiões em função das prioridades e das necessidades da organização fabril taylorista, de seus mercados de massa (fordistas) e de suas infraestruturas físicas e de serviços (keynesianas).

## A crise do Estado-crise e suas interpretações

Podemos pois resumir as características do período áureo do intervencionismo estatal como uma época sinalizada, por um lado, pelo motor "ganhos de produtividade-salários reais" e, por outro, pela afirmação de mercados autocentrados — espaço do político (das políticas econômicas) e espaço econômico tendendo a coincidir no contexto das fronteiras dos estados nacionais. Para definir esse período, falou-se de regulação fordista, isto é, de uma regulação das forças do mercado pela própria institucionalização da relação salarial. Na relação salarial e nas suas formas institucionais ocorria esse processo de repartição dos ganhos de produtividade que permitia, ao mesmo tempo, alimentar o consumo pelos salários reais e, por outro lado, sustentar — pela acumulação — a racionalização da organização taylorista do trabalho.

Lembrar esses elementos, próprios do período "glorioso" de afirmação da forma-Estado intervencionista nos países centrais, é particularmente interessante a fim de problematizar a crise do Estado fordista-keynesiano, até mesmo nas suas variantes periférico-desenvolvimentistas.

Podemos sintetizar tais elementos reelaborando a sequência de quatro pontos apontada acima. O primeiro diz respeito ao fato de as modalidades de intervenção do Estado "fordista" serem de tipo institucional. A forma do Estado fordista é uma forma institucional, isto é, a própria relação salarial fordista. O segundo redunda no esclarecimento do fato de que o Estado fordista-keynesiano não se fundou nas dimensões instrumentais da racionalidade (econômica, sistêmica) nem na antecipação ou eliminação das suas dimensões conflituais. O terceiro aponta como o Estado-planejador nasce do reconhecimento da crise como horizonte cotidiano do mercado e constitui-se na tentativa de entender sua fenomenologia objetiva e integrar sua emergência subjetiva. Enfim, o último incorpora a própria noção de fordismo esclarecendo que, contrariamente ao que o termo de regulação pode deixar intuir, o fordismo regulou-se na integração e não na redução do conflito.[17]

O Estado-planejador não foi, portanto, o resultado de um período de prosperidade baseado na ausência do conflito, mas um modo bem preciso de fazer da crise o motor do desenvolvimento. Em conclusão, sem com isso abandonar o modelo heurístico proposto pelos regulacionistas, vamos valorizar, nos próximos parágrafos, a noção de Estado-crise. Assim, diremos que a crise da forma-Estado própria do período fordista pode ser definida como crise do Estado-crise, isto é, por um lado, como um modo determinado de reconduzir o conflito na dinâmica do desenvolvimento e, por outro, como um processo de constituição da esfera pública (da cidadania) fundamentalmente baseado nos dispositivos de integração produtiva[18] com o regime da relação salarial fabril. Lembramos, enfim, que o

---

17. Para um debate crítico sobre a teoria francesa da regulação, Cocco (1994).

18. Fazemos referência às contribuições de diferentes autores do operaísmo italiano, e em particular às análises de Negri (1980).

conceito de Estado-crise pode ser visto também na perspectiva histórica proposta por Michel Foucault em seu trabalho de definição da constituição do Estado com relação à emergência da soberania, isto é, das diferentes formas de dominação. Na visão de Foucault, a noção de Estado-crise encontra a de legitimação do Estado nas linhas de generalização da guerra, da sua socialização. A pesquisa histórica foucaultiana vê a soberania como algo que cresce e se legitima na continuação da guerra pela política. A política não é a superação da guerra, mas sua continuação. Escreveu Foucault que, para os historiadores que "contavam a história do interior do direito público, do interior do Estado, a guerra era (...) essencialmente a ruptura do direito, o enigma (...). Pelo contrário, é a guerra que vai precipitar um tipo de *grille* de inteligibilidade na própria ruptura do direito, e que, portanto, vai permitir determinar a relação de forças que sustenta permanentemente um certo tipo de relação de direito" (Foucault, 1997, p. 144).

## A crise do fordismo e suas interpretações: concorrência, tecnologia e recomposição do trabalho

Os determinantes econômicos da crise do fordismo já foram analisados e apresentados por uma vasta literatura.[19] Não é nosso objetivo abrir uma discussão global sobre tal literatura. Apenas queremos lembrar alguns marcos de referência, remetendo esquematicamente aos seguintes pontos:[20]

---

19. Cf. Aglietta (1976), Boyer (1979), Lipietz (1979), além de Hicks (1975).

20. Não queremos fornecer uma apresentação exaustiva do debate sobre a crise. Só fazemos referência a elementos comuns de análise que se tornaram mais ou menos consensuais, sobretudo nas abordagens heterodoxas.

TRABALHO E CIDADANIA

1. Num primeiro nível, encontramos o determinante da queda dos ganhos de produtividade. Alguns economistas heterodoxos[21] apontaram como central a questão do enfraquecimento da dinâmica dos ganhos de produtividade. A "regulação" fordista teria perdido seu apoio fundamental no "regime de acumulação" taylorista, tornando-se cada vez menos capaz de integrar o conflito sem repassar suas tensões para as dinâmicas dos preços. Os salários reais começaram assim a não crescer mais no mesmo ritmo e, sobretudo, a reverter os ponderáveis processos de convergência e redução das desigualdades produzidos pelas grandes ofensivas operárias dos anos 1960 e 1970.[22] As tensões sobre a repartição do valor agregado começam a ser resolvidas pelo repasse dos aumentos salariais para os preços. As taxas de inflação começam a fugir dos padrões normais.

2. Num segundo nível, a emergência do "constrangimento" exterior aparece como determinante fundamental. A

---

21. Podemos citar, mais uma vez, os regulacionistas franceses.

22. A questão da produtividade perdura como elemento central também no debate atual. Para alguns economistas heterodoxos ou neokeynesianos, o que estaria faltando para a estabilização do desenvolvimento seria a "chave da produtividade". Encontramos um exemplo claro desta *démarche* em Krugman (1997), que apresenta como fundamentais duas questões: a da terceirização da economia e, por consequência, a da dinâmica da produtividade. O "declínio na taxa de crescimento da produtividade interna (o PNB por hora cresceu apenas de 0,73% entre 1973 e 1990)" explica os problemas de estagnação do padrão de vida dos trabalhadores americanos e dos países centrais mais em geral. "Cálculos semelhantes para a Comunidade Europeia e o Japão geram resultados semelhantes. Em cada caso, a taxa de crescimento do padrão de vida equivale, em essência, à taxa de crescimento da produtividade interna — não a produtividade em relação aos competidores, mas simplesmente a produtividade interna" (p. 8-9). Remarcamos como esta centralidade da produtividade interna determina, ao mesmo tempo, a marginalidade da chamada competição externa sobre os padrões de vida e de emprego internos (aos países centrais) e o quebra-cabeças da produtividade dos serviços. O crescente peso relativo destes tem um papel negativo na evolução global da produtividade em geral e não da setorial (p. 26-28). Para uma crítica desta abordagem do enigma da produtividade cf. Marazzi (1998).

crise do fordismo teria sido determinada também pela abertura da concorrência internacional, causada pela obsolescência de um regime de acumulação substancialmente autocentrado. Espaço nacional e espaços econômicos tenderam a não coincidir mais. As políticas econômicas e monetárias de regulação, por definição de caráter nacional, acabaram não alcançando mais as dinâmicas de produção e consumo paulatinamente internacionalizadas. Na crise, as economias centrais começaram a buscar um nível cada vez maior de "extroversão" e, consequentemente, os mercados tenderam a se internacionalizar cada vez mais, aumentando em espiral a concorrência e rompendo os equilíbrios oligopolistas do período fordista.

3. Chegamos assim às dimensões dinâmicas da deslocalização. A desterritorialização ligada à internacionalização dos mercados (insumos e produtos) encontrou o duplo movimento de saturação dos tradicionais mercados dos bens de consumo de massa e de sofisticação das escolhas aquisitivas. Nos diferentes segmentos, os mercados de consumo de bens, não duráveis e duráveis, tornaram-se cada vez mais concorrenciais e instáveis. Diante do nível crescente de volatilidade dos mercados, as antecipações de investimento tornaram-se mais diferenciadas e impermeáveis às políticas de sustentação da demanda efetiva. Consequentemente, estas últimas perderam progressivamente sua eficácia e os investimentos não conseguiram manter os tradicionais ritmos de incremento.

4. Num quarto nível, emerge a questão da flexibilidade. O aprofundamento da organização produtiva fordista (uso intensivo dos critérios científicos de organização do trabalho e das economias de escala para uma produção em massa de produtos padronizados), em vez de permitir a superação da crise (determinada pela queda da dinâmica dos ganhos sala-

riais), explicitou-se como um obstáculo a ser superado. O taylorismo, seus mecanismos de geração dos ganhos de produtividade pela rigidez explícita de uma organização produtiva fortemente verticalizada e pela rigidez implícita no controle quase monopolista de vastos mercados de massa, chega à sua definitiva maturidade. As organizações produtivas que conseguem manter-se no contexto da nova competição são as que alcançam um certo nível de flexibilidade, ao mesmo tempo na qualidade e na quantidade do que se produz. Os tradicionais fenômenos de externalização dos custos e dos riscos encontram a emergência de novas formas de empresa organizadas em redes (cf. Piore e Sabel, 1984).

Outros autores enfatizam sobretudo as mudanças ocorridas nos padrões de remuneração dos trabalhadores (em particular das economias centrais), pela crescente defasagem entre os serviços e o setor manufatureiro e, no seio deste último, entre os empregos administrativos e os de produção. A ênfase concentra-se aqui na nova composição orgânica do capital e em particular na "queda da demanda relativa de trabalhadores menos qualificados. A mudança tecnológica, sobretudo o uso crescente de computadores, constitui com certeza o motor destas tendências. A globalização não pode, portanto, ter desempenhado o papel principal" (Krugman, 1997, p. 44). Por consequência, as dificuldades que os países centrais enfrentaram desde os anos 1970 seriam praticamente as mesmas, "ainda que os mercados mundiais não tivessem se tornado tão integrados" (Ibid., p. 5). Nestas abordagens, o problema central é o do aumento das desigualdades devido às transformações nos padrões de distribuição da renda. Problema cuja dinâmica é fundamentalmente endógena, isto é, determinada essencialmente pela queda dos ganhos de produtividade: "os salários estagnaram porque a taxa de crescimento da produtividade da economia como um todo diminuiu e os trabalhadores menos qualificados em particular estão sofrendo porque uma economia de alta tecnologia demanda cada vez menos seus serviços" (Krugman, 1997, p. 46).

Listar, da maneira como fizemos acima, os sintomas da crise do fordismo não significa atribuí-la a uma mera determinação econômica. O aprofundamento da análise da crise do Estado-crise será um instrumento fundamental para a definição dos paradigmas do pós-fordismo e da forma-Estado que este determina e precisa ao mesmo tempo. Trata-se, em particular, de evitar as simplificações impostas pelas interpretações objetivas da crise do fordismo.

Em uma vasta literatura de economia e sociologia industrial (Coriat, 1990; Zarifian, 1995 e 1996), de economia espacial (Veltz, 1996), de geografia pós-moderna (Soja, 1993) e de psicossociologia do trabalho (Dejours, 1993) encontramos expressivos esforços teóricos para manter abertos novos rumos, apontando os limites ideológicos da reação neoliberal. Apoiando-se também em inúmeras pesquisas de campo, esses autores apontam como, no novo regime de acumulação, o trabalho vivo e as formas organizacionais e gerenciais destinadas a lidar com ele encontram-se, de novo, no cerne das novas dinâmicas produtivas. Para explicitar o papel cada vez mais importante desse deslocamento, novas noções são implementadas. Fala-se, por exemplo, de implicação subjetiva, de projeto de empresa, de gestão da qualidade, de grupos de participação e de inovação. Noções diferentes, de tipo gerencial ou sociológico, que, todas, tratam de dar conta do deslocamento qualitativo próprio do regime de acumulação pós-fordista. Mas, na realidade, essas noções, por interessantes que sejam, não conseguem explicar as transformações paradigmáticas que o deslocamento determina. Em particular, elas são incapazes de emancipar-se plenamente de uma visão do pós-fordismo como mera etapa evolutiva ao longo da linha de progresso "fabril". Podemos, portanto, afirmar que a heterodoxia econômica não consegue definir e apreender a mudança de paradigma, senão de um ponto de vista meramente interno aos padrões fabris. É por isso que nenhuma dessas abordagens consegue universalizar os diferentes modelos que pareciam caracterizar alguns países ou algumas empresas particularmente dinâmicos na crise do fordismo. Os termos de toyotismo ou de modelo alemão não chegaram portanto a generalizar-se, afirmando-se como novos referentes conceituais de definição e norteamento do novo paradigma.

Nesta perspectiva é que se torna indispensável uma abordagem subjetiva da crise do fordismo que enfatize os dois fenômenos distintos que determinaram, de modo sincrônico e cruzado, o processo de desarticulação das dimensões espaço-temporais deste modelo de crescimento. Como já apontamos antes, um primeiro movimento foi o da flexibilização defensiva, "isto é, de procura de vantagens competitivas pela redução dos custos e o restabelecimento da disciplina de Organização Científica do Trabalho" (Boyer, 1986). É o período do *contournement* e da segmentação das "fortalezas operárias" (Collin e Baudouin, 1978), nas quais se converteram as grandes concentrações industriais tayloristas. Esse processo desdobrou-se ao longo de dois eixos complementares. Por um lado, temos a externalização produtiva dos segmentos *labour intensive*, a chamada descentralização. É nesse quadro que aconteceram as primeiras operações de deslocalização que, num primeiro momento, com a aceleração dos fluxos internacionais de investimento, pareciam reforçar a emergência de um surto de industrialização fordista tardia nos países periféricos, como Brasil e Argentina. Por outro lado, aconteceram os investimentos *labour saving*[23] de automatização dos segmentos mais complexos e mais conflituais das linhas de produção. Trata-se da corrida à robotização que, sobretudo nas realidades industriais mais conflituais, como a do setor metalúrgico em geral e do segmento automobilístico em particular, apareceu ao capital como o "sonho" de uma *fábrica sem operários* (Revelli, 1989; Lipietz e Leborgne, 1988).

Um correlato importante dessa análise das estratégias de flexibilização defensiva é que ela parece ser determinada pelos níveis de saturação "social" da organização do trabalho. Isto é, por uma conflitualidade que não podia mais ser adequada à dinâmica do desenvolvimento, seja por influenciar negativamente o nível dos ganhos de produtividade, seja pelo surgimento de resistências sociais cada vez mais fortes à ordem corporativa fordista. Uma conflitualidade que se tornava insuportável mais pela novidade de suas determinações subjetivas do que pela sua difusão quantitativa.

Chegamos assim ao segundo movimento de crise, devido à desvalorização crescente do valor do trabalho fabril. Com efeito, nas grandes economias de escala fordistas, o processo de reestruturação não encontrou a resistência operária esperada, mas amplificou um fenômeno notável de busca de alternativas ao trabalho assalariado de tipo fabril. Começou assim uma verdadeira "fuga da fábrica", frequentemente das forças de trabalho mais qualificadas e dos militantes sindicais de base mais ativos. Ao mesmo tempo, os movimentos decorrentes de 68 amplificavam as pressões sociais para a extensão não corporativa do *Welfare State* e progressivamente anuncia-

---

23. Ao contrário das empresas *labour intensive*, que se caracterizam pela alta taxa de mão de obra empregada por unidade de capital investido, as empresas *labour saving* conseguem, por meio de investimentos em novas tecnologias, reduzir expressivamente a relação entre mão de obra empregada por unidade de capital investido.

TRABALHO E CIDADANIA

ram a crise das formas de legitimação política estruturadas em torno da representação dos interesses dos grandes corpos sociais: operariado e elites empresariais. O aumento dos déficits públicos, devido à crise, encontra desta maneira o aumento exponencial (e até agora irreversível) dos gastos ligados à transformação da vocação dos tradicionais dispositivos do Estado-providência (por exemplo, do seguro-desemprego, que se tornou fonte de sustentação de estratégias de vida, trabalho e formação cada vez mais independente do ciclo fabril) e a multiplicação destes como instrumentos de mediação de conflitos sociais externos ao regime de fábrica (por exemplo, sobre o acesso aos serviços e às infraestruturas básicas — telefone, habitação, transportes etc.).

A crise do fordismo emerge como Crise do Estado-crise, pois são as características dos conflitos sociais que sofrem uma transformação radical, limitando progressivamente as capacidades de integração destes pelos tradicionais mecanismos de repartição dos ganhos de produtividade (e de legitimação da esfera do político) que, portanto, aparecem como insuportavelmente corporativos. São essas novas contradições, de abertura social dos conflitos e da relação salarial, que acabam determinando um processo de difusão social e territorial de novas figuras e de novas formas de empresariado. Aqui é que nascem, como veremos, as redes de microempresas e os chamados "distritos industriais". Fenômenos concomitantes à descentralização produtiva, mas que não coincidem com esta.

## *Alcançando os paradigmas sociais do pós-fordismo. Uma primeira aproximação*

Podemos definir uma primeira aproximação conceitual que alcance o deslocamento paradigmático e reformular os dois eixos apontados acima: o de desterritorialização e o da reorganização empresarial. O processo de desterritorialização pode ser pensado como algo que se alimenta da reorganização produtiva de territórios desenhados por novas formas de cooperação criativa e produtiva. As diferentes soluções e modelos gerenciais podem ser radicalmente relativizados quando se constata que o próprio local de produção é cada vez menos capaz de concentrar o conjunto das funções complexas de um processo integrado de concepção-inovação-criação-produção e consumo amplamente socializado.

Queremos dizer que o dado paradigmático encontra-se nesses deslocamentos e que, portanto, as performances das empresas dependem cada vez mais do território entendido como meio socioprodutivo determinado. Os paradigmas sociais do pós-fordismo qualificam-se pela emergência de atividades imateriais de coordenação, inovação e gestão que requalificam a própria forma-empresa. Novos fatores estratégicos emergem, isto é, as atividades imateriais de pesquisa e desenvolvimento, da comunicação e do *marketing*, do *design* e da formação. A centralidade dessas novas competências não se funda unicamente nas dinâmicas de reorganização dos processos de trabalho, mas sobretudo no fato de que elas permitem viabilizar a integração destas com as dinâmicas de consumo. É dessas atividades que depende a integração produtiva, a montante dos comportamentos de consumo, pois elas são capazes de propor inovações técnicas e soluções estéticas adequadas a uma organização do trabalho cuja mecânica implica níveis cada vez mais importantes de cooperação nos locais de produção, mas sobretudo entre esses locais e as redes de comunicação que estruturam os territórios metropolitanos (Mustar e Callon, 1993).

O paradigma pós-fordista é, antes de mais nada, um paradigma social e qualifica-se pela integração produtiva dos consumidores como produtores, pois eles participam da produção, desde o momento da concepção, em dois níveis: pela integração em tempo real dos comportamentos de consumo; e pela proliferação disseminada dos atos criativos, linguísticos e comunicativos. Podemos descrever o novo ciclo econômico pelos três seguintes traços: (1) a reversão da relação entre produção e mercado que levou à reestruturação pós-fordista dos processos produtivos determina a globalização das empresas, pois ela permite responder à demanda interna de cada país por uma oferta mundial; (2) os conflitos sociais mostram mudanças táticas das forças em campo, no momento em que os sindicatos, para defender os empregados, são obrigados a recuar nas reivindicações salariais ou sobre os direitos adquiridos (e em que a terceirização contorna as resistências maiores); (3) a natureza não inflacionista do crescimento pós-fordista orienta os capitais segundo lógicas diferentes do passado. Os capitais deslocam-se de um mercado para outro antecipando *just-in-time* as variações da demanda de bens e serviços.

Em consequência, neste novo ciclo econômico, é o comando sobre os processos de globalização das redes informático-comunicativas que decidirá a nova divisão internacional do poder. O poder dirige-se rapidamente para a hierarquização da divisão internacional da propriedade do saber, da propriedade daquela matéria-prima cujo custo de produção determina de maneira crescente os preços relativos dos bens e serviços trocados em nível internacional. De agora em diante, *copyrights*, *trade-marks* e *trade-secrets* serão os verdadeiros objetos das negociações internacionais. A redefinição da divisão internacional do comando político e econômico nada tem de ocasional; segue as linhas geográficas dos investimentos e das concentrações de capitais nas redes de telecomunicações. Isso significa que a posição de cada país dependerá cada vez mais da sua capacidade de capitalizar o saber e o conhecimento, da possibilidade de reverter os custos do saber e do conhecimento sobre os preços relativos, verdadeiros veículos da "troca desigual" entre novos centros e novas periferias, entre os novos Norte e os novos Sul.

É no marco dessas mudanças paradigmáticas que precisamos pensar o novo papel do Estado. Apontamos desde já um primeiro deslocamento: na medida em que a cidadania não é mais o fruto da inserção produtiva, mas a condição desta, todas as problemáticas das correlações integração-exclusão, desenvolvimento-desigualdade se transformam. Ou seja, a desigualdade torna-se a causa e não mais a consequência do crescimento lento. Isso significa que o Estado tem de repensar as políticas econômicas na perspectiva imediata da redução (ou superação) das desigualdades, isto é, da determinação de um acesso aos serviços, de uma universalização dos saberes que não podem mais ser postergados na espera dos efeitos do crescimento (e de seus impactos sobre a dinâmica do emprego), mas que constituem a condição deste. Por isso, discute-se cada vez menos política industrial para pensar a política econômica do território, isto é, uma política capaz de valorizar as interdependências entre indústria e redes de cooperação, entre dimensões fabris e dinâmicas sociais.

Se atrás da centralidade da empresa de ponta esconde-se a centralidade do trabalho imaterial (dos manipuladores de símbolos), então as verdadeiras questões estratégicas emergem no nível dos processos de territorialização e espacialização desse trabalho imaterial. O desenvolvimento endógeno, as sinergias entre investimento individual e produtividade coletiva que o Estado é chamado a gerar passam, na realidade, pela territorialização do trabalho imaterial. Essa passagem é determinada pela absoluta interpenetração entre indústria e serviços, pelo fato de a indústria ser cada vez mais terceirizada e os serviços cada vez mais industrializados. Pois as indústrias tecnologicamente avançadas nutrem-se dos recursos sociais e culturais distribuídos nos territórios, e vice-versa. A desnacionalização do capital físico-material é seguida pela nacionalização do saber, o comando sobre sua organização. Por exemplo, *Buy American* significará: valorizar o saber americano (Reich, 1991). Precisamos portanto evitar uma crítica ao Estado que não reconheça o papel político da nova classe produtora e, com ele, as características públicas de sua produção e reprodução, as suas qualidades produtivas comunicativo-relacionais, qualidades que as empresas privadas exploram cada vez mais sem pagá-las e sem permitirem sua reprodução, queimando as externalidades positivas que elas constituem. Mas, em geral, podemos dizer que, na chamada ditadura do mercado, a fábrica torna-se minimalista, não constituindo mais o padrão ótimo de organização social. Isto é, a passagem para o pós-fordismo é de certa forma o resultado de transformações na própria natureza e no próprio estatuto da produção industrial e, com ela, das grandes corporações operárias e burguesas que constituíam as bases dos compromissos sociais que tornavam material a constituição formal dos diferentes países. A crise da sociedade civil é o marco mais significativo dessa transição. Por causa dessa crise é que os novos espaços públicos, embora funcionem como motores do novo regime de acumulação, ainda não foram reconhecidos como espaços de recomposição possível e necessária do político e do econômico. É nessa negação das dimensões públicas da produção e das forças de trabalho no pós-fordismo que as novas formas de segmentação-exclusão tornam-se os eixos privilegiados de recomposição do comando.

Podemos sintetizar essas primeiras reflexões propondo uma sinopse do deslocamento paradigmático (ver Quadro 1) que marca a passagem do fordismo ao pós-fordismo. Uma sinopse que explicita os diferentes elementos de recomposição de um trabalho flexível, polifuncional, que não é mais um recurso específico de uma combinação fabril determinada, mas um recurso geral do território, do tecido social e cooperativo dos próprios fluxos comunicacionais que se tornam produtivos. Onde a produtividade do trabalho depende dos níveis de sua subjetividade e esta dos níveis de socialização comunicativa do trabalhador. Isso significa que essa subjetividade produtiva não é mais alienada no ato da sua submissão individual à Organização Científica do Trabalho. Ou seja, ela não é mais um dado produtivo *ex-post*, dependente da implementação da relação salarial. Neste nível, alcançamos a dimensão do deslocamento. As combinações produtivas aparecem antes da mobilização capitalista na relação salarial das forças de trabalho; aparecem como dadas no tecido comunicativo da cooperação social. Isto é, não é mais a inserção produtiva que legitima a cidadania, mas esta última que torna possível a inserção produtiva. Nesta perspectiva, temos de desenvolver o debate sobre a crise do Estado e sua Reforma, ou seja, tentando definir as questões ligadas às características possíveis e/ou desejáveis da nova constituição material no pós-fordismo. Antonio Negri, lembrando Condorcet quando afirmava que "cada geração precisa da sua constituição", se pergunta: "qual é a constituição material que as relações entre dinâmicas empresariais cada vez mais globalizadas e financeirizadas e formas de trabalho socializado e resubjetivado podem e/ou precisam se constituir?" (Negri, 1992a).

## Quadro 1
### Sinopse do deslocamento paradigmático

| FORDISMO/TAYLORISMO | PÓS-FORDISMO |
| --- | --- |
| Vende-se o que já foi produzido | Produz-se o que já foi vendido |
| A produção comanda a reprodução | A reprodução integra a produção e vice-versa |
| *Trabalhador desqualificado* | *Trabalhador polifuncional* |
| • executa mecanicamente<br><br>• suas relações cooperativas (e comunicativas) são incorporadas na maquinaria<br>• (...) como indivíduo pré-programado que trabalha silenciosamente | • trabalha falando e tomando iniciativas aleatórias, imprevisíveis<br>• implicação paradoxal<br><br><br>• é uma Força de Trabalho comunicativa |
| Ao silêncio humano do ateliê corresponde o barulho mecânico da produtividade<br><br>A produtividade é o indicador paradigmático | A produtividade depende da integração de fluxos comunicacionais<br><br><br>A produtividade não é mais mensurável |
| *A fábrica é o núcleo* | *A fábrica é um elo* |
| • estruturador dos fluxos materiais e humanos que atravessam o território social<br>• suas maquinarias são instrumentos de decomposição dos fluxos na economia<br>• da produção de massa | • integrado e estruturado pela cadeia produtiva social e comunicativa<br><br>•suas maquinarias são máquinas linguísticas de fluidificação da informação na economia<br>• da circulação de massa |
| *O papel de produtividade* | *A crise da produtividade* |
| Os ganhos de produtividade constituem-se na decomposição dos fluxos<br><br>Os ganhos de produtividade são endógenos | A produtividade baseia-se nas capacidades de modulação linguístico-comunicativa da cooperação dentro e fora da fábrica<br><br>Os ganhos de produtividade são exógenos, dependem do não pagamento das externalidades (os custos sociais) |
| É a inserção na relação produtiva que legitima a cidadania | É a cidadania que determina a inserção produtiva |

# CAPÍTULO III

## O pós-fordismo: a nova qualidade do trabalho vivo

## Crise do fordismo, descentralização e subjetividade operária

Nas economias capitalistas avançadas, a crise do fordismo desestruturou as dimensões espaciais do ciclo de produção e reprodução do capital. A mobilidade territorial e social das forças de trabalho começou a desenhar "fluxos revertidos" em relação aos que caracterizaram o período de desenvolvimento das grandes fábricas tayloristas e das grandes metrópoles industriais. Setores inteiros das forças de trabalho saíram dos polos de industrialização metropolitana para desenvolver micro-atividades industriais (formais e informais) nos territórios.

Como apontamos, dois fenômenos distintos alimentaram, de modo sincrônico e cruzado, esse processo. Um primeiro movimento articulou-se ao longo dos eixos complementares de flexibilização defensiva, isto é, de procura de vantagens competitivas para reduzir custos e/ou restabelecer a disciplina da Organização Científica do Trabalho. Esse processo mostra uma correlação importante entre a conflitualidade operária e a precocidade e intensidade dos esforços conjuntos de automatização e de descentralização.[1] O sonho

---

1. O caso clássico dessa causalidade é o da então maior fábrica do mundo, a Mirafiori da Fiat em Turim, onde os investimentos de automação e robotização

do capital nos anos 1970 era exatamente o de ter uma fábrica sem operários. Um segundo movimento ocorreu devido à desvalorização crescente dos valores do trabalho da fábrica e a heterogênese das dinâmicas dos movimentos sociais. Assim, ao mesmo tempo em que nos grandes polos industriais começava uma verdadeira "fuga da fábrica" (frequentemente das forças de trabalho mais qualificadas e dos militantes sindicais de base mais ativos), os movimentos sociais decorrentes do maio de 68 amplificavam as pressões sociais para a extensão do *Welfare State* (seguro-desemprego, bolsas para os estudantes, bolsas de formação profissional, formação contínua, controle dos preços dos serviços de base, ocupação de moradias etc. etc.). A novidade dessas lutas sociais estava em evitar a lógica do conflito de tipo reivindicativo para abrir-se às práticas da autovalorização, isto é, à prática imediata dos objetivos. Além dos sucessos e insucessos dessas lutas (que foram particularmente eficazes no nível da moradia), o que é interessante é que elas focalizavam a mesma evolução apontada pelas dinâmicas microconflituais nas grandes fábricas.

A microconflitualidade destruía a disciplina taylorista na medida em que formas de luta e formas organizacionais podiam se recompor (comitês de base e assembleias operárias espontâneas), visando não tanto a uma negociação mas a uma redução no quotidiano da carga de trabalho e à amplificação dos espaços de autonomia. Como dizia E. P. Thompson, o tempo tornou-se o terreno privilegiado da luta. Ao tempo fechado, linearizado e funcionalizado da disciplina dos métodos opunha-se o tempo múltiplo, aberto e livre da organi-

---

foram tão precoces quanto os esforços de desintegração vertical. Na vasta literatura, cf. Alquati (1975).

zação operária, da sua socialidade e de sua própria atividade produtiva.[2] Por um lado, o tempo monótono da aceleração programada, que destrói a subjetividade e integra um fazer alienado, um trabalho cada vez mais abstrato. Por outro, o tempo acelerado da diversidade da cooperação social, que produz a subjetividade e um trabalho abstrato cada vez mais recomposto no concreto da ação.

Um processo social de difusão territorial de novas configurações e de novas formas de empresariado acompanhava, portanto, a descentralização produtiva. Essas novas formas de empresariado (trabalho em domicílio, precário, informal) floresceram nos diferentes setores industriais, bem como no terciário avançado e atrasado. Num caso como no outro, as formas do conflito e as múltiplas configurações da subjetividade operária (lutas estudantis, movimentos pelos direitos cívicos, lutas de trabalhadores precários, movimentos dos usuários dos transportes, movimentos das mulheres etc. etc.) constituíram as dimensões genéticas da rearticulação espaço-temporal da produção industrial e da emergência dos territórios das redes que caracterizam o pós-fordismo.

A difusão territorial dos processos produtivos não se limita, portanto, a meras lógicas de externalização e terceirização. Trata-se de algo mais complexo, que implica uma reversão da própria relação que liga a fábrica a seu meio entendido como território de relações sociais de cooperação. Por um lado, o mercado entrou na fábrica, obrigando-a a

---

2. Há muitos trabalhos sobre esse fenômeno; um dos mais interessantes é o de Michel de Certeau (1980) na sua interpretação da *perruque*, ou seja, do comportamento dos operários que, desviando-se de suas tarefas, usam o tempo de trabalho para produzir para si mesmos.

flexibilizar-se para acompanhar suas evoluções cada vez mais voláteis e imprevisíveis. Por outro lado, o próprio regime de fábrica generalizou-se à sociedade como um todo.

## As empresas-redes e as redes de integração virtual

Resumimos as grandes linhas do debate teórico e dos trabalhos empíricos que constituíram e chamado modelo de especialização flexível. A abertura de mercados internacionais induzida pela evolução das normas de consumo (em seguida à saturação dos mercados domésticos de primeiro consumo) teria progressivamente reduzido, para em seguida anular, a eficácia das políticas econômicas keynesianas de estímulo à demanda efetiva. De modo concomitante, a inovação tecnológica (com a difusão da robótica primeiro e depois da microinformática) teria alimentado a passagem de economias de escala fordistas a um outro modelo industrial, o modelo de especialização flexível. As unidades produtivas de pequeno tamanho podem associar, graças às novas tecnologias informáticas, um certo nível de especialização à capacidade de se adaptar (de maneira flexível) às evoluções qualitativas e quantitativas de uma demanda cada vez mais imprevisível.

Ora, um número crescente de trabalhos empíricos e teóricos permite hoje relativizar a pertinência desse modelo quanto à sua capacidade de construir um marco paradigmático de análise do pós-fordismo. Os trabalhos sobre o Japão (Coriat, 1994) tiveram um papel importante neste caso, pois sublinharam as dimensões socioorganizacionais (especificidade das relações de trabalho, formas de mobilização e de

TRABALHO E CIDADANIA

subjetivação dos trabalhadores) que sustentaram a inserção competitiva da indústria nipônica nos mercados internacionais. Pesquisas de campo sobre as necessidades em bens capitais na *filière* automobilística europeia confirmam o recuo generalizado da corrida à automação. Os responsáveis dos escritórios de métodos das grandes firmas automobilísticas enunciam o critério do mínimo necessário de automação,[3] confirmando porém os esforços para melhorar a circulação e exploração da informação. O que parece ser central é o desenvolvimento das redes telemáticas internas e externas às empresas.[4] Nessa perspectiva, os trabalhadores são levados a ter um papel cada vez mais importante, em particular no que se refere ao nível de implicação subjetiva que podem expressar na sua maior ou menor capacidade de antecipar os imprevistos e falhas dos automatismos e dos sistemas integrados (Veltz, 1988).

Esses elementos indicam um movimento fundamentalmente oposto ao da aparente marginalização do trabalho. Ao contrário, o que aparece é um processo de rearticulação e recomposição do trabalho. Processo que parece objetivar-se em uma reconcentração do trabalho e em uma nova centralidade do trabalho vivo. Sempre nesta literatura, podemos ver um outro elemento de caracterização das transformações acarretadas pela crise do fordismo. Ou seja, as configurações espaço-temporais das relações intra e infraempresas parecem ser determinantes na constituição das vantagens comparati-

---

3. Fazemos referência em particular a um estudo realizado pelos fabricantes italianos de máquinas-ferramenta (Machines Outils) sobre as orientações estratégicas das grandes construtoras automobilísticas europeias e de seus fornecedores (Cocco, 1994).

4. Com o desenvolvimento das redes que integram os locais de produção e os locais de concepção, *marketing*, *design* e também os vários níveis de fornecedores, bem como a rede de distribuição e comércio dos produtos finais.

vas. "A evolução dos modelos de organização da produção é o resultado ao mesmo tempo, e talvez mais, das inovações organizacionais puras, sobre as formas de coordenação das atividades e da própria modernização técnica" (Veltz e Zarifian, 1993). Enquanto as grandes empresas tendem a se estruturar ao longo de redes de integração virtual, a nova organização do trabalho solicita sempre mais a subjetividade operária, isto é, sua capacidade independente de intervenção, sua imaginação, sua criatividade, bem como sua flexibilidade. Quando não se trata das grandes firmas e de seus novos modelos gerenciais, são as dimensões do trabalho vivo que se tornam centrais e não as dimensões específicas de mobilização das forças locais (as redes de pequenas empresas, os distritos industriais etc.).

É nesse sentido que podemos afirmar que a desterritorialização se alimenta da reorganização dos territórios seguindo os eixos de desenvolvimento das redes, ao longo dos quais se afirmam as novas formas de cooperação criativa e produtiva. Ou seja, "quanto mais você aumenta a parte de trabalho de caráter criativo (...) mais você precisa de um meio social complexo, rico, produtor de encontros de caráter aleatório e que exige um contato direto entre os indivíduos" (Lévy, 1994). Nesta perspectiva, a reterritorialização emerge como dimensão de um trabalho vivo socializado bem mais do que como fenômeno ligado à *performance* das redes locais de PME. Ela tem a ver com as características de profunda socialização que norteiam a recomposição do trabalho, a nova centralidade do trabalho vivo.

A passagem ao pós-fordismo é, de certa forma, o resultado de transformações na natureza da produção industrial devidas, por um lado, ao fato de o local de produção ser cada vez menos capaz de concentrar o conjunto das funções com-

TRABALHO E CIDADANIA

plexas de um processo de concepção-inovação-criação amplamente socializado e, por outro lado, ao fato de o novo regime de acumulação não conseguir mais padronizar suas dimensões industriais. Poderíamos dizer que, no pós-fordismo, as diferentes formas organizacionais (firma integrada, firma-rede, firma virtual) coexistem. Coexistem e ao mesmo tempo perdem suas características específicas, suas capacidades padronizadoras dos espaços socioeconômicos. Por isso poderíamos definir o pós-fordismo exatamente como o regime de acumulação que implica a copresença de diferentes configurações produtivas, desde as formas de tipo proto-industrial até o toyotismo.

Como nortear-se no marco dessa heterogênese? Afirmando, mais uma vez, que precisamos estudar o paradigma da socialização do processo de produção para compreender, sem reduzi-las, as transformações globais do pós-fordismo e definir seu denominador comum. E que esse elemento comum entre os modos de produção aparentemente específicos é representado pelas condições nas quais a co-habitação entre eles se torna possível e, sobretudo, altamente produtiva. Portanto, a heterogênese dos modos de produção constitui apenas a face superficial de um regime de acumulação no qual a comunicação desempenha o papel central. Nesse contexto, também a rearticulação territorial da produção, através do crescimento das redes de empresas e de empresas-redes, é apenas uma das manifestações desse processo. "A generalização do regime de fábrica acompanhou-se de uma transformação de natureza e de qualidade dos processos de trabalho. [Um] trabalho que tende, cada vez mais, a tornar-se imaterial — intelectual, afetivo, tecno-científico (...)" (Negri e Hardt, 1994).

A nova centralidade do trabalho deve, portanto, constituir o pano de fundo de uma reflexão articulada entre, por um lado, suas dimensões imateriais e comunicativas e, por outro, suas dimensões espaciais. Trabalho imaterial e territorialização da produção constituem as duas faces de uma mesma transformação, fundamentada na recomposição subjetiva do trabalho, a nova centralidade do trabalho vivo. Nas grandes firmas (integradas ou em rede) encontramos as dinâmicas subjetivas de um trabalho que a retórica gerencial tenta governar, mas acaba reduzindo. Neste caso, o trabalho vivo revela-se fortemente criativo, mesmo se suas dimensões cooperativas continuem a ser dicotômicas, materialmente internas às múltiplas formas de socialização formalmente subsumidas pela organização do trabalho e suas técnicas gerenciais. Nas PME e nas redes de empresas, as dimensões cooperativas e criativas do trabalho não se separam nem entre elas nem da figura formal de um "empresário-trabalhador" que aparentemente contém as duas. Neste nível, a contradição se desdobra nas dimensões formais de máxima recomposição subjetiva do "produtor-empresário", por um lado, e nas dimensões reais da socialização presentes no conjunto de bens que proporcionam aquele espaço no qual a rede pode tornar-se produtiva. Um espaço que não é físico, nem geográfico, nem infraestrutural, mas público! Assim, a descentralização produtiva e a desintegração vertical constituem apenas fenômenos secundários diante do crescimento de um trabalho concreto que integra as dimensões empresariais.

Nesse contexto, a atividade de inovação técnica assim como a produção de estilos e de *design* (estética) aparecem como "um trabalho coletivo que necessita de interações e negociações muito diversificadas" (Mustar e Callon, 1993) nos lugares de produção, mas sobretudo entre esses lugares e as formas de cooperação social que estruturam os terri-

TRABALHO E CIDADANIA

tórios. Afirmam-se novos fatores estratégicos, isto é, as atividades imateriais de pesquisa e desenvolvimento, da comunicação e do *marketing*, do *design* e da formação. São as articulações espaço-temporais, quer dizer sociais, desses fatores imateriais que irão caracterizar as dinâmicas produtivas no pós-fordismo. Os níveis de competitividade de uma empresa (ou de um sistema de empresas, de empresa-rede) dependem cada vez mais das *performances* gerais dos territórios onde ela se instalou. Não se trata das performances fisiológicas desses territórios (configuração geológica, recursos minerais, clima, calados de um porto, infraestruturas etc.) mas de sua estrutura social, isto é, do nível de *savoir faire* e de formação das forças de trabalho, da eficiência e da variedade das instituições educacionais e, enfim e sobretudo, da amplitude e profundidade (política e social) dos espaços públicos de atualização da virtualidade produtiva embutida nessas dimensões sociais dos territórios.

As dimensões sociais dos territórios asseguram as *performances* das empresas-redes e das redes de empresas e explicam a "não transferibilidade" da chamada "economia de aprendizado" (Storper, 1994). É verdade, como afirma Storper, que o controle dos conhecimentos tecnológicos e do quadro infraestrutural e/ou cultural de um território (região ou estado) rege, ele sozinho, "o destino econômico das nações e regiões". Porém, como apontamos acima, seria errado acreditar que se trata de condições sociais de reprodução de um regime de acumulação que continuaria a ter papel central num modelo neoindustrial baseado em uma empresa cujas instalações são difusas no território. A empresa pós-industrial não é um simples nó dos fluxos que atravessam as redes (fluxos reais, monetários, informacionais, comunicacionais);

ela deve ser um nó interativo e aberto na rede desenhada pelas trajetórias de cooperação social.

## Trabalho imaterial e *general intellect*

Se a sociedade inteira participa da produção de riqueza e se é cada vez menos possível distinguir as fases de produção das de consumo, o tempo de trabalho do tempo da vida, necessitamos então de conceitos novos, que não fiquem presos ao tradicional dualismo que separa trabalho intelectual e trabalho manual, nem na sua versão atualizada, de tipo gorziano e/ou habermasiano, a da separação entre a lógica instrumental (material-funcional) e o agir comunicativo (imaterial). De certa forma, esse dualismo está presente quando as transformações do pós-fordismo são descritas sob o ângulo da primazia do consumo. Assim, podemos ler que "se percebe que o ponto a partir do qual se armam os fragmentos da sociedade civil translada-se do plano do trabalho para o plano do consumo" (Giannotti, 1995).

Ora, a emergência do consumo (e com ele da indústria cultural)[5] não se deve à sua emancipação dos constrangimentos da produção (material), mas sim à "subsunção"

---

5. Falamos de comportamentos de consumo chamados de tipo narcísico (cf. Giannotti, 1995) ou hedonistas. Essas dinâmicas são particularmente universais nos jovens. A importância da "marca" para os jovens funkeiros cariocas é a mesma que podemos encontrar nas *banlieues* de Paris ou em *South Central* em Los Angeles. Esses comportamentos não são apenas individualistas. Ao contrário, eles constituem esforços de comunicação e de socialização que determinem um sistemático *détournement d'usage* das mensagens da propaganda comercial. Trata-se, talvez, de formas de resistência em face das novas (e antigas) formas de exclusão que tocam as camadas sociais que não têm acesso à função simbólica. Os jovens reencontram dentro desses comportamentos (vestuários, bailes, tags-grafitis, gangues...) a substância de

TRABALHO E CIDADANIA

desta pelas atividades imateriais e, dessa maneira, à subsunção da sociedade inteira no processo de valorização. A atenção, em vez de se dirigir às clivagens entre as figuras da produção e as do consumo, deve concentrar-se nas figuras do trabalho que integram as dimensões instrumentais e comunicacionais de um agir produtivo; portanto, ao mesmo tempo, a produção é o consumo. Vimos que o pós-fordismo se caracteriza pela socialização das condições de produção. Podemos agora completar essa constatação notando que, hoje em dia, o sistema de produção se identifica com o processo de produção da comunicação social, pois integra a comunicação na produção. Isso significa que a comunicação funciona como a interface[6] entre os comportamentos de consumo e as condições técnicas da produção material. Uma transformação que é imediatamente visível e clara no setor de serviços. De fato, se a nova indústria terciária da comunicação não produz novos materiais, é porque ela transforma, tornando-as circulares, as próprias noções de "produto" e de "ato de consumo". No terciário avançado, baseado na difusão de redes telemáticas (bancos, transportes, telecomunicações, administração etc.), é o consumidor que torna ativa a rede e, ainda mais, individualiza o uso a partir de uma oferta de possibilidades virtuais que tendem ao infinito.[7]

---

um território concreto que dá à imagem narcisista o peso do não (cf. Antolini e Bonello, 1994).

6. O termo interface é, voluntariamente, tomado de empréstimo da sua utilização coerente em informática. As interfaces constituem hoje em dia o elemento central da evolução tecnológica na medida em que permitem a fluidificação dos fluxos informacionais. As *performances* das interfaces criam as vantagens comparativas a partir de suas capacidades de tornar sensatos os volumes de informações cada vez mais importantes gerados pelas e nas redes.

7. Para compreender a dimensão imediatamente produtiva do uso de uma rede multimídia é suficiente conectar-se à Internet e avaliar a quantidade de possibili-

O produto-serviço (como protótipo dos produtos do pós-fordismo em geral) transforma-se, portanto, numa construção social de interação entre a subjetividade do uso e as possibilidades da infraestrutura. Esse mesmo fenômeno comanda as redes de integração virtual que estruturam, por exemplo, o setor automobilístico. É o operário que atualiza os fluxos comunicacionais proporcionados pela infraestrutura técnica, mediante intervenções subjetivas que adaptam a dinâmica dos automatismos aos aleatórios das falhas e dos defeitos. É claro que, no caso do automóvel, estamos num quadro da produção material, mas percebemos que é o modelo comunicativo e subjetivo do trabalho imaterial que predomina. Percebemos também que o operário desenvolve com a maquinaria uma relação que é, em muitos aspectos, parecida com a do consumidor com o conjunto de infraestruturas de serviço. A relação de serviço investe e qualifica o trabalho imaterial (sem com isso eliminar, automaticamente, as dimensões rotineiras do trabalho de fábrica).

Alguns elementos dessas transformações já apareciam nas análises das formas de comunicação que afirmavam suas dimensões produtivas pela *ruse*,* nos modos de usar (*détournements d'usage*) os tempos impostos pela ordem produtiva dominante (Certeau, 1974). A forma comercial (a forma comunicação) predomina porque é absorvida na forma produtiva (e não porque se destaca dela): "O consumo da rede cria riqueza, a transação se transforma no produto" (Scher, 1994). A antecipação das falhas cria vantagens comparativas. As trocas linguísticas entre os trabalhadores, segundo linhas

---

dades de uma oferta em que precisamos "navegar" para torná-la um serviço. Esse serviço, na realidade, terá sido produzido por nós, pela atualização de uma das inúmeras virtualidades da rede.

* Astúcia.

TRABALHO E CIDADANIA

aleatórias que rompem com a rígida disciplina taylorista, tornam flexível a organização industrial e atualizam as redes de integração virtual que conectam as diferentes fases de concepção e produção entre elas e com as dinâmicas de consumo. Portanto, o trabalho, em vez de encolher, se expande à sociedade e à vida como um todo.

Com efeito, podemos qualificar o pós-fordismo dentro desse movimento paradigmático que nos permite completar o quadro do processo de socialização apontado acima e indica o desaparecimento das tradicionais clivagens entre os regimes de produção e as formas de concorrência, a esfera real e a esfera financeira, o trabalho material e o trabalho imaterial. O conceito de trabalho imaterial revela-se adequado, pois dá conta das figuras que, no cruzamento da nova relação entre a produção e o consumo, funcionam justamente como a interface que a torna ativa e a organiza. O trabalhador do imaterial (ou trabalhador imaterial) caracteriza-se pela contínua inovação das condições de comunicação e, portanto, das dinâmicas produtivas (Lazzarato, 1997).

No ato de consumo, enquanto o suporte material da mercadoria é destruído, seu conteúdo informacional e comunicacional participa tanto da produção do ambiente ideológico e cultural do consumidor quanto da reprodução das condições de produção. Uma dinâmica que subsume tanto os produtos tangíveis como os intangíveis. A dimensão imaterial não é uma característica do produto (e a crescente importância da informação e dos serviços imateriais é, deste ponto de vista, completamente secundária), mas do trabalho. Com efeito, é baseando-se na análise "em tempo real" dos atos de consumo que se organizam as atividades de concepção e agenciamento dos fluxos produtivos. Podemos então considerar que a flexibilidade, a automação e o *just in time* são determinados tanto pelos níveis de sofisticação da técnica quanto pela riqueza e pela otimização da circulação e do tratamento da informação. Nesse sentido, a comunicação social que atravessa os nós de cooperação desempenha um papel de primeira importância, pois é ela que permite a produção e a transferência de informações, ou seja, uma maior transparência dos fluxos, uma verdadeira mobilidade dos agentes produtores e a formação para a gestão das novas tecnologias.

A figura do trabalhador imaterial pode assim ser compreendida como a expressão mais madura e mais avançada do novo modo de produção baseado na produção de informações e de linguagens. Ainda mais, o conceito de trabalho imaterial leva em conta também formas de reorganização da produção dentro das grandes fábricas às quais nos referimos mais acima. O que a psicossociologia do trabalho chama de "implicação subjetiva paradoxal" pode adquirir uma importância muito maior na medida em que apreendemos, nas novas práticas gerenciais (projeto de empresa, qualidade total, formas de incitação, participação etc.), a centralidade de um trabalho vivo cada vez mais intelectualizado.

Isto é, a qualidade e a quantidade de trabalho são organizadas em torno de sua imaterialidade. Assim como o novo *management* dos recursos humanos se esforça por "fazer baixar na empresa a alma dos trabalhadores", a integração dos ciclos de produção e de reprodução tende a eliminar toda diferença possível entre o tempo de trabalho e o tempo de vida, entre os períodos de emprego e os de formação, entre as atividades produtivas e as atividades improdutivas. A noção de trabalho imaterial pode levar em conta o novo valor de uso das forças de trabalho, não apenas na sua qualidade de assalariados, mas também a partir da forma mais geral da

# TRABALHO E CIDADANIA

atividade de todo sujeito produtivo da sociedade pós-industrial. Ela engloba tanto o operário qualificado cuja personalidade se tenta controlar quanto o conjunto das figuras sociais (trabalhadores precários, desempregados, jovens operários, estudantes, estagiários...) que constituem a virtualidade do paradigma produtivo baseado na comunicação. Tempo de vida e tempo de trabalho do trabalhador imaterial constituem uma única e mesma realidade cuja dimensão social é aquela que Marx chamava de *general intellect* e que nós chamamos de intelectualidade pública.[8]

A transformação das forças de trabalho em *general intellect* acontece pela emergência de uma intelectualidade em geral. É essa dimensão de massa e pública do intelecto que constitui para nós a concretização, neste fim de século, da antecipação marxiana da crise da lei do valor, isto é, de uma situação em que "o produto deixa de ser criado pelo trabalhador individual imediato para ser o resultado mais de uma combinação da atividade social que da simples atividade do produtor".[9] Trata-se de uma atividade social estruturada pela "enorme potência dos agentes... [que não tem] relação alguma com o tempo de trabalho que custa a sua produção, pois ela depende do nível geral da ciência e do progresso da tecnologia ou da aplicação desta ciência à produção" (Negri e Lazzarato, 1991). Ou seja, a partir do momento em que o fundamento principal da produção não é nem o trabalho imediato, nem o tempo de trabalho, "é a apropriação de sua

---

8. Para uma análise do conceito de *general intellect* nos *Grundrisse* cf. Virno (1994). O debate e a pesquisa sobre a noção de trabalho imaterial são alguns dos resultados de um seminário que se desenvolve desde 1989 na Université Européenne (Paris, Ministère de la Recherche et de la Technologie) e ao mesmo tempo na redação da revista francesa *Futur Antérieur* (ed. L'Harmattan) e no artigo seminal de Negri e Lazzarato, 1991.

9. Marx, K. *Fondements II*, trad. franc. (p. 226-227), apud Negri e Lazzarato (1991).

força produtiva geral que vira o fundamento da produção e da riqueza" (Ibid.). A categoria clássica do trabalho produtivo aparece em toda a sua insuficiência. É unicamente no trabalho imaterial, figura historicamente determinada do *general intellect* (do saber social geral, do saber como bem público), que é impossível separar o tempo de trabalho do tempo de reprodução. Mas, nesse nível, as figuras específicas dos trabalhadores, isto é, da nova composição técnica do proletariado no pós-fordismo, aparecem ainda de forma muito abstrata e indeterminada. A configuração de suas trajetórias espaciais pode ajudar-nos num esforço de aproximação e de concretização.

## A recomposição do fazer e do agir

Na medida em que o recurso mais precioso do novo regime de acumulação é constituído pela relação com o cliente (isto é, os comportamentos de consumo) e que, ao mesmo tempo, as mudanças tecnológicas — assim como os comportamentos de consumo — não são mais padronizáveis, o trabalho de interface entre o homem e a máquina, que assegura a integração dos momentos de consumo nos de produção, é que se torna central. Como acabamos de afirmar, esse trabalho de interface é justamente o trabalho imaterial. A noção de trabalho imaterial — como figura subjetiva, social, cooperativa, difusa e pública da recomposição de trabalho abstrato e trabalho concreto — pretende levar em conta o novo valor de uso das forças de trabalho na forma geral da atividade de todo sujeito produtivo da sociedade pós-industrial.

Em face do trabalho imaterial encontramos as novas práticas e teorias gerenciais. Estas escondem na realidade duas dinâmicas específicas. Por um lado, elas explicitam, no

TRABALHO E CIDADANIA

nível da empresa, a dimensão subjetiva do trabalho no pós-fordismo como ciclo de valorização em que não é mais possível separar os momentos de produção e os de reprodução. Nesse nível, o novo *management* se esforça por integrar o valor de uso de uma força de trabalho cujo predicado fundamental é sua qualidade (imaterial) de ser uma determinação específica da subjetividade produtiva geral (social). Por outro lado, o novo *management* transforma as próprias características fundamentais de organização técnica para tornar-se organização imediatamente política do trabalho. Ou seja, ele reconhece que o desaparecimento da separação taylorista entre os momentos de concepção e os de execução determina o fim de toda legitimidade objetiva (técnico-científica) do controle empresarial sobre o trabalho. É aqui que o novo *management* precisa explicitar a dimensão subjetiva do trabalho para integrá-la enquanto tal numa organização produtiva que se aproxima cada vez mais das formas de estruturação da ação política.[10]

Quando a Benetton articula as redes sociais informais de produção com as comerciais de *franchising*, quando sustenta, pela sua política de comunicação, esse processo de internacionalização de empresas e lojas que continuam tanto independentes quanto socializadas, ela age como um elo político de estruturação das dimensões produtivas da realidade social e comunicativa próprias de um território determinado tanto pelos espaços de integração material da produção quanto pelos tempos de funcionamento das redes. No modo de produção socializado,[11] formas de organização po-

---

10. Philippe Zarifian sublinha: "Todos os que realizam uma pesquisa sobre as transformações da organização nas grandes empresas reparam imediatamente nas solicitações que são feitas ao falar, à expressão dos assalariados" (1996, p. 65).

11. Definição que queremos opor à de "economia de aprendizado" proposta por M. Storper.

lítica e práticas comunicacionais coincidem, ao mesmo tempo, como realidades produtivas e como terrenos naturais de estruturação de uma nova figura de empresário, destinada a ter um papel direto no jogo político.

Embora parciais, os sucessos eleitorais de *outsiders* como Ross Perrot (nos Estados Unidos da primeira eleição de Bill Clinton) e Silvio Berlusconi (na Itália do começo dos anos 1990) não dependem tanto da eficácia da propaganda quanto da crescente identificação das práticas empresariais com as comunicativas. Identificação cuja forma é imediatamente política. O papel político que esses empresários procuram desempenhar é, portanto, uma afirmação "natural" do tipo de atividade que eles já praticam. Como já observamos acima, o agir comunicativo, em vez de se determinar ao lado das relações instrumentais, constitui-se como o elemento que as estrutura. A comunicação torna-se produtiva, o nexo fundamental do processo de socialização da produção. Quer dizer, o Capital, ao perder a hegemonia da esfera da racionalidade instrumental (que o taylorismo lhe proporcionava), procura relegitimar-se diretamente no terreno da estruturação política do processo de valorização, como produção de comando por meio de comando.

A emergência da politicização dos métodos de gestão empresarial abre novas perspectivas para aprofundar a análise das implicações intrínsecas às transformações do trabalho no pós-fordismo. O *management* estratégico, assim como as diversas formas de empresariado federativo ou de empresariado político, responde de fato ao deslocamento da própria forma do trabalho — material — entendido como fazer (execução passiva de uma sequência operativa concebida *ex-ante*) para o trabalho — imaterial — entendido como ação (atividade subjetiva fortemente interligada com a produção comunicativa). Pode-se caracterizar a ação apontando os elementos que a distinguem do trabalho repetitivo, previsível e padronizável (taylorista-fordista) e, ao mesmo tempo, do pensamento puro, solitário e invisível. A centralidade produtiva da ação (além da clivagem entre trabalho intelectual e trabalho manual, bem como da hierarquia entre concepção e execução que estruturavam o taylorismo) traz à tona nova oposição entre o fazer e o agir. Ao contrário do fazer, a ação caracteriza-se pelo fato de intervir nas relações sociais e não nos materiais. Ao contrário do que ocorre no caso do pensador isolado e de sua atividade de pensamento "puro" (fundamental), a ação não pode ser reservada; ela precisa de um público.

A emergência da economia da informação como paradigma do pós-fordismo acaba ultrapassando essas separações e referências tradicionais. Isso porque o trabalho acabou absorvendo as características distintivas da ação política, uma vez que o modo de produção contemporâneo integra, como força produtiva fundamental, uma intelectualidade de massa que se tornou social, isto é, pública. Não é a ação política que integra o modelo do trabalho, como anunciava H. Arendt, nem o agir comunicativo do mundo da vida que é colonizado pela racionalidade instrumental, como anuncia Habermas; é o trabalho que se torna ação como capacidade de se adaptar à imprevisibilidade, de começar uma coisa de novo, e produzir *performances* linguísticas. Na sua integração com a ação política, o agir comunicativo absorve o raciocínio instrumental. Ao contrário da indústria cultural, cujo processo de mecanização e estilhaçamento era apontado pela maioria dos críticos, a partir dos teóricos da escola de Frankfurt, a indústria manufatureira esforça-se para superar seus limites técnicos, recompondo o trabalho pelos métodos de valorização do trabalho concreto experimentados pela indústria cultural. Como habilidade na determinação de escolhas específicas em face de possibilidades diferentes, o trabalho imaterial é a figura historicamente determinada dessa reconcretização do trabalho por meio da mobilização das condições gerais de sua socialização. O trabalho imaterial qualifica-se como forma de ação que consegue atualizar a virtualidade geral acumulada pelo conjunto das redes de cooperação produtiva, nas quais o sistema técnico das redes informáticas e de telecomunicações constitui um elemento essencial, mas não substitutivo da realidade social e comunicativa que o pressupõe.

Neste marco, as próprias diferenciações marxianas dos dois tipos de atividade intelectual tornam-se obsoletas. Marx atribui uma qualidade produtiva somente às atividades que se objetivam, na obra, em uma existência independente da do produtor, considerando improdutivo o trabalho cujo produto é inseparável do ato de produzir, isto é, o dos artistas executores de uma "partitura" (Virno, 1995, p. 196). Dessa maneira, Marx estabelece a contradição do capitalismo — fator de máximo desenvolvimento das forças produtivas, mas também de máxima abstração do trabalho — sem fixar unicamente a contradição do capital, mas também sua legitimidade "progressiva", ou seja, sua capacidade (fundamentalmente baseada na mobilização da ciência na produção: na tecnologia) de conquistar as chaves da "reconcretização" do trabalho. Uma legitimidade cuja crise corresponde, apesar da aparente hegemonia do horizonte capitalista, ao pano de fundo das transformações ligadas à afirmação do regime de acumulação pós-fordista.

Com efeito, a reconcretização do trabalho não se faz mais pelos mecanismos de sua hierarquia intangível entre intelectual e manual, concepção e execução, produção e consumo, trabalho e não trabalho, mas no desaparecimento das especificidades dessas polarizações. Ao se recompor o "fazer" e o "pensar" no modelo da ação política, a própria figura do artista executor, do virtuoso, aparece como o novo padrão de um trabalho cuja dimensão concreta passa pela socialização. *"O virtuosismo é a arquitrave da ética e da política... pois nela o fim corresponde à ação"* (Virno, 1995, p. 203). No pós-fordismo, esse paradigma da atividade sem obra deixa de ser caso excepcional para transformar-se em protótipo do trabalho em geral.

Já vimos que o processo de constituição da autonomia que caracterizou o pós-fordismo ao longo de uma reestruturação industrial é, antes de tudo, uma rearticulação organizativa em que o trabalho terá novas tarefas de coordenação e de monitoramento, tarefas que amplificam aquela inteligência prática já presente no trabalho de execução sob forma de expressão da autonomia operária (Dejours, 1993a, p. 285). No pós-fordismo, as tarefas do trabalho não consistem mais na execução de um fim particular, mas em modular, variar e intensificar a cooperação social, isto é, o conjunto de relações e conexões sistêmicas que constituíam a base da produção de riqueza. O consumo é imediatamente produtivo e vice-versa. O fim não é objetivável num produto final, mas coincide com o momento mesmo da troca comunicativa, cujo protótipo é o do funcionamento das redes multimídia interativas. Modulação, adaptação flexível, aprendizado, antecipação das falhas, esses são os elementos fundamentais da organização do trabalho na economia da informação, elementos que, no final das contas, dependem de prestações comunicativas e linguísticas e de figuras produtivas que não podem ser mais limitadas ao âmbito empresarial. O trabalho no pós-fordismo é o trabalho imaterial, ou seja, é antes de tudo uma figura da socialização do processo de valorização, isto é, das condições públicas da produção. Essas prestações comunicativas não acabam em um produto final que seria objetivável, independentemente do "autor" (do trabalhador imaterial). Ao contrário, elas acabam na interação comunicativa determinada pela própria execução, isto é, mais concretamente, na relação de serviço. O trabalho imaterial aparece próximo da prestação do virtuoso, da execução de uma "partitura", a de um intelecto que é intelecto público, saber social global, competência linguística comum.

O fazer e o agir se recompõem numa ação que se torna produtiva a partir de um recurso público que não é dado pela erudição científica de uma específica figura de trabalhador, mas pelas atitudes genéricas da mente, isto é, pela capacidade de produção linguística, de aprendizado, de comparação e de autorreflexão. O *general intellect*, isto é, o intelecto em geral, é a "partitura" do trabalho imaterial como faculdade social geral que torna possível cada composição. Se a figura do virtuoso exprime a nova dimensão pública e subjetiva do trabalho na economia da informação, a realização da antecipação marxiana de um intelecto como condição geral da cooperação social produtiva qualifica o deslocamento democrático radical em torno do qual se constituem as contradições do pós-fordismo. "O virtuosismo do trabalhador imaterial pós-fordista não precisa de nenhum talento raro porque dispõe de uma inesgotável potencialidade comunicativa para executar irrepetíveis e específicas enunciações (produtivas) a partir das condições gerais da cooperação social" (Virno, 1995, p. 205).

## Cooperação, subsunção real e tautologia

"Socialização do trabalho" e "publicização do intelecto" constituem, portanto, duas figuras fundamentais da recomposição de trabalho abstrato e trabalho concreto que caracteriza os paradigmas sociais do pós-fordismo. Mas é preciso lembrar que o deslocamento paradigmático não corresponde à marginalização dos dispositivos da acumulação e do comando. Ao contrário, a virtualidade produtiva das relações sociais de cooperação que marca o pós-fordismo encontra-se cada vez mais desvirtualizada nas dinâmicas que misturam os dispositivos disciplinares da fábrica em aparelhos sociais de controle. É no marco da subsunção real da vida e de sua potência ao poder de controle do capital que se afirmam os novos paradigmas. Um controle tautológico, mas nem por isso menos eficaz.

Não podemos entender a dimensão incontornável das problemáticas do comando no novo paradigma sem relacioná-las, na passagem da disciplina para o controle, à emergência da subsunção real. Nesta perspectiva, recorreremos às análises de Antonio Negri, em particular a seus diferentes ensaios[12] que valorizam o conceito de subsunção real no marco da crise da lei do valor.

Logo, podemos apresentar a tese da seguinte maneira: quando a subsunção formal do trabalho no capital define a submissão de um modo de produção já desenvolvido, antes que a relação capitalista emerja, a subsunção real exprime a emergência de um trabalho socializado que se apresenta imediatamente como força produtiva do capital.

A primeira consequência disso é conhecida: a socialidade do trabalho aparece ao operário como elemento alheio, objetivado e personificado no capital. Mas Marx sublinhou que, ao mesmo tempo, não é mais o trabalhador como indivíduo

---

12. Trata-se de ensaios baseados em Marx, no Livro 1 de *O capital* e nos *Grundrisse*. Citamos em particular Negri (1979).

que alimenta o processo de produção, mas uma força de trabalho socialmente combinada numa máquina produtiva total. Assim, ao controle das forças da natureza pela inteligência social da ciência junta-se um trabalho do indivíduo posto como determinação indissociável do trabalho social. Ou seja, o trabalhador jamais perde sua dimensão social e coletiva. A cooperação não é mais decomposta e recomposta pelo capital.

A segunda consequência pode ser enunciada da maneira seguinte: na subsunção real, o capital circulante se torna produtivo nas determinações do planejamento e do controle da reprodução da sociedade como um todo. A sociedade como um todo é subsumida na valorização do capital, mas ao mesmo tempo a cooperação social produtiva aparece como nova possível determinação subjetiva, como trabalhador coletivo. Para existir produtivamente, o indivíduo trabalhador precisa encaixar-se nas redes do trabalho social. O coletivo é o modo de existência subjetiva da singularidade. Isso significa que a produção e a produtividade dependem menos do tempo de trabalho imediato do que da potência social, geral, dos agentes que atuam nos espaços públicos de cooperação; dependem menos do tempo como fator de produção e mais da produção do tempo.

Em terceiro lugar, se a mais-valia determina-se pela apropriação da força produtiva "geral" do operário como corpo social, o tempo de trabalho não é mais a medida da riqueza, a base objetiva da lei do valor. Como afirma Negri, a subsunção real da sociedade como um todo no capital restitui-se à sociedade como um conjunto de atos circulares e uniformes. Diante dessa circularidade autorreferencial da subsunção do tempo da vida como um todo, o capital perde toda base objetiva e só pode resolver a tautologia emergente da acumulação por meio da superdeterminação do comando.

TRABALHO E CIDADANIA 161

Podemos esquematizar essa afirmação com uma rápida periodização. Na época da integração da ciência na produção e da transformação monopolista do capitalismo comercial (concorrencial), a sraffiana[13] "produção de mercadorias por meio de mercadorias" é substituída pela "produção de mercadorias por meio de comando". Nessa época, a disciplina taylorista é que funciona como padrão objetivo de medida da produtividade dos fatores e em particular de um trabalho padronizado segundo os critérios espaço-temporais da Organização Científica do Trabalho. Nesta *mise en production du temps*, o trabalho humano deve ser analisado como o da maquinaria, prótese desta e dos arranjos técnico-organizacionais nela objetivados. A articulação do poder do capital, da produção sobre a reprodução traduz-se na gestão do salário direto (o fordismo). Mas, progressivamente e à medida que a acumulação abrange a sociedade como um todo, esse poder disciplinar enfrenta novas contradições, cada vez mais socializadas. Nem a emergência da gestão do salário indireto (keynesiano) conseguirá assegurar a continuidade da moldagem das relações sociais de produção e reprodução nos padrões disciplinares da razão instrumental aplicada à acumulação. A disciplina do tempo uniforme e linear despedaça-se sob os golpes de uma ofensiva social que torna o tempo múltiplo e aberto, tempo de uma virtualidade produtiva geral, imagem espelhada de um meio social que produz riqueza independentemente da submissão formal à relação salarial.

À medida que a produção é socializada, podemos dizer que todos participam da produção de tudo e que não é mais

---

13. Refere-se ao economista italiano Piero Sraffa (1898-1983), que estudou principalmente a formação dos preços e difundiu o pensamento de Ricardo.

possível separar de maneira clara e precisa o tempo de trabalho do tempo da vida. A razão instrumental não funciona mais como padrão colonizador do mundo da vida habermasiano. A perda de um padrão objetivo — o tempo de trabalho — torna tautológica toda unidade de medida, mero instrumento subjetivo de controle cujos parâmetros não têm mais legitimação científica, objetiva. A reafirmação subjetiva de padrões e imperativos econômicos se torna, por isso, cada vez mais arbitrária. Em outras palavras, nesta perspectiva, a crise se apresenta como crise da produção por meio de comando, como fato de que o comando — o Capital, a ciência e a tecnologia do Capital —, não constituindo mais a condição necessária da produção, se desloca do lado da administração, da forma imediatamente política de controle do ciclo de produção-reprodução. O comando torna-se contabilidade, tautológica "produção de comando por meio de comando" (cf. Negri, 1988, p. 100-101 e Negri e Hardt, 1994).

Na sociedade do controle pós-fordista, marcada pela socialização de um processo integrado de produção e consumo, o tempo da vida como um todo é subsumido no capital. Mas este processo apenas pode determinar-se à custa de uma drástica limitação das virtualidades produtivas que o espaço público constitui e representa. O comando perdeu sua dimensão "progressiva" e sua reprodução "chupa" de maneira parasitária o suco vital das novas potências produtivas.

# CAPÍTULO IV

# A produção da cidade e a cidade como lugar de produção

# Introdução

As economias periféricas produziram processos de urbanização e metropolização extremamente rápidos e violentos. Assim, nos maiores países da América Latina, os pesos relativos das populações rurais e urbanas inverteram-se em poucas décadas. Hoje em dia, México e Brasil dispõem de realidades metropolitanas que estão entre as mais importantes do planeta. As grandes desigualdades sociais e segregações espaciais nelas presentes não impedem que porções consistentes de suas populações urbanas participem ativamente dos processos de integração mundial dos mercados e das culturas. Muito pelo contrário, em face dessas realidades metropolitanas, o pós-fordismo pode, paradoxalmente, se desenvolver de maneira mais fácil do que nas economias avançadas. No Brasil, por exemplo, a fragmentação social e a segregação espacial jamais foram rearticuladas e reduzidas, nem sequer pelas lutas igualitárias do operário taylorista massificado cuja hegemonia social marcou, nos Estados Unidos do final dos anos 1930 e na Europa do segundo pós-guerra, uma universalização meritocrática do *Welfare State* e de seus direitos. Enquanto nos países centrais (e sobretudo na Europa) as inércias institucionais de tipo fordista podem constituir instrumentos significativos de resistência social à flexibilização, nas economias periféricas, as políticas neoliberais encontram escassas forças sociais organizadas capazes de contê-las. Ao mesmo tempo, as grandes concentrações metropolitanas (Cidade do México, São Paulo, Rio de Janeiro etc.) constituem espaços privilegiados de emergência das novas realidades produtivas.

## Do mosaico ao arquipélago.
## A desregionalização do sistema urbano

As formas de segmentação do território destinadas a hierarquizar o espaço pós-fordista não encontram nas economias periféricas nenhum obstáculo de peso e já se transplantam, nas suas tradicionais clivagens. É, portanto, na periferia que adquirem imediata expressividade as imagens futuristas das segregações entre os "homens que sofrem com a falta de mobilidade (e que praticamente só têm acesso à mobilidade mediatizada e imaginária) [e os] outros, aqueles que são multi-informados, multipolares e ultramóveis" (Viard, 1994). As representações mais evidentes dessas misturas entre novas e velhas segmentações são as das favelas destituídas de infraestruturas básicas de gestão dos fluxos (materiais e imateriais) e, diante delas, os condomínios fechados da Barra da Tijuca (no Rio de Janeiro), verdadeiros *cocoonings* eletrônicos ligados, pelos níveis de renda e pela multiplicidade das conexões telemáticas, ao mercado mundial mais que à sua própria realidade metropolitana (cf. Ascher, 1995, p. 138, e Blanquart, 1997, p. 170, 174-175). Neste sentido, os segmentos urbanos constituídos pelos condomínios fechados, centros financeiro-administrativos e *shopping centers* participam de um processo que os geógrafos e urbanistas chamam de desterritorialização da metrópole que implica, ao mesmo tempo, um aumento de sua tradicional segmentação interna (urbana) e das relações com os territórios regionais contíguos.

Como já vimos nos capítulos precedentes, a globalização determina, tanto para as economias centrais quanto para as periféricas, imperativos de adaptação competitiva que tendem a homogeneizar mundialmente as estratégias industriais e econômicas de cada país, região e cidade. Deste ponto de vista, o nível absoluto de deslocalização da produção é menos importante que a necessidade, para um número cada vez maior de empresas, de ser competitivas com aquelas dos territórios, estados e continentes mais distantes. *Vis-à-vis* dessas transformações, numa importante literatura de geografia econômica e de economia espacial, encontramos inúmeras propostas de análise destinadas a definir o novo papel da cidade e seus novos modos de inserção nos territórios mais próximos e mais afastados. Alguns autores indicaram como a crescente abertura das economias nacionais teria por consequência um fenômeno de desregionalização das grandes concentrações metropolitanas. Ou seja, com a integração entre as metrópoles globais, as relações que as ligam aos territórios contíguos seriam reduzidas. "As relações que cidades como São Paulo, Londres ou Frankfurt mantêm com Paris, Nova York e Tóquio são muito mais importantes do que as que podem ter com suas instituições regionais ou nacionais" (Mayer, apud Benko, 1994). Enfatiza-se, nesses termos, o fenômeno que faz com que "o lugar e o potencial econômico da cidade capitalista dependam cada vez menos do papel de metrópole regional que ela pode desempenhar e cada vez mais das suas funções de comando transregionais" (Benko, 1994). Trata-se do mesmo fenômeno que Dematteis pretende exemplificar a partir da crise da espacialidade de duas outras grandes metrópoles industriais, Detroit e Turim. "Áreas como as de Turim e de Detroit que, em outro momento, abrigavam todo o ciclo produtivo do automóvel (...), apesar de se manter especializadas nessa atividade, entraram numa rede de *input-output* (...) organizada numa escala continental ou planetária. Isso significa que o futuro das regiões depende hoje em dia cada vez menos de suas relações internas e cada vez mais das relações com o resto do mundo" (Dematteis, 1995, p. 86).

Naturalmente, esses fenômenos são possíveis e adquirem amplitude cada vez maior com a expansão das redes de comunicação. A difusão das tecnologias de digitalização e da fibra ótica tende a reduzir as distâncias e a reunir as grandes metrópoles mundiais num território tão descontínuo quanto globalizado por uma infinidade de trajetos virtuais — o que determina o desdobramento entre distância espacial e distância temporal. A própria teoria de Christaller[1] da polarização/ centralização e a da economia da localização é ultrapassada pela "emergência de um território de redes (...) onde os polos são nós das redes" (Veltz, 1996, p. 60-61). Redes policêntricas nas cidades e entre as cidades, cujos elos são constituídos pelas novas centralidades urbanas ou pelas próprias metrópoles globais. Um outro zoneamento emerge, aquém e além do espaço funcional fordista. "Melhor abastecidos que algumas periferias, conectados de maneira interativa entre eles e com o centro principal, [alguns] centros secundários contribuem para criar uma territorialidade intra-urbana em escala diferente daquela própria da cidade tradicional" (Lévy, 1994, p. 408). Ou seja, "a polarização e particularmente a polariza-

---

1. O geógrafo alemão Walter Christaller (1893-1963) elaborou uma teoria sobre a formação das redes urbanas, desenhando um espaço fortemente polarizado em torno de alguns grandes centros urbanos.

ção metropolitana aparece como o resultado da concentração dos fluxos na rede-arquipélago".[2] O *patchwork* integra-se no e pelo *network*. Processo que acaba determinando a emergência da economia metropolitana. A economia metropolitana realiza sua *revanche* sobre a economia territorial, "sobre esse produto da ação do Estado contra as cidades" (Veltz, 1996, p. 7-8).

Na crise do Estado-nação desenha-se um movimento de recentralização em torno da Cidade. Alguns geógrafos "humanos" falam de uma volta paradoxal à cidade. Paradoxal porque, na sociedade da informação, as grandes cidades pareciam ao mesmo tempo ter de se desmanchar no "ar" do *Global Village*. Podemos, assim, ler: "A existência e o fortalecimento de cidades que ao mesmo tempo são sistemas territoriais locais e nós de redes globais, livres de relações de posição e distância com relação aos territórios contíguos, constituem um paradoxo seja para as geografias modernas, seja para as hipermodernas" (Dematteis, 1995, p. 77). Na realidade, esse "retorno à cidade" não se deve a nenhum movimento cíclico ou pendular da história, mas a uma transmutação da cidade e da produção.

Por um lado, no espaço policêntrico das redes, "a complementaridade interurbana afirma-se contra a 'lei da gravitação' que pretenderia que a grande cidade determinasse o

---

2. Em face desse deslocamento qualitativo das estruturas dos territórios, os geógrafos propõem a noção de valor posicional: "A análise geográfica (propõe) o conceito de uma posição geográfica" que não faz mais referência a uma grade de meridianos e paralelos (posição absoluta), "mas a uma posição bem mais complexa, desenhada (...) pelos fluxos de pessoas, bens materiais e informações, decisões etc.". *O espaço geográfico adquire uma dimensão relacional* em que "o valor torna-se o valor de troca (...) que, num sistema dado de relações intersubjetivas, é atribuído a algumas de suas caraterísticas ambientais". Assim, por um lado, "o fundamento do poder global é cada vez menos o *Ordnung und Ortung* estático do espaço territorial (...) e cada vez mais o controle dos fluxos (...)". Por outro lado, a posição geográfica torna-se "relacional" (cf. Dematteis 1995, p. 52; 76; 91).

vazio no seu entorno" (Lévy, 1994, p. 391). Por outro lado, numa época em que o sincronismo tecnológico limita-se ao arquipélago desenvolvido, o espaço é definido pelas redes, mas é também cada vez mais dividido e segmentado (Veltz, 1996, p. 101-106). Assim, se não podemos falar de desaparecimento dos lugares, temos de analisar como os espaços policêntricos do pós-fordismo, reorganizando-se em redes e ultrapassando as hierarquias propagativas do mosaico (do dualismo centro-periferia), determinam novas verticalidades, novas fragmentações e novas segregações. A metrópole policêntrica não constitui um modelo ideal ótimo, mas uma referência heurística em que as questões da densificação das relações sociais e da dinâmica da urbanidade se tornam cada vez mais centrais para a análise das contradições espaço-temporais do novo regime de acumulação.[3]

Assim, o "reticular substitui o *aréolaire*" (Blanquart, 1997, p. 151), a imagem do arquipélago toma o lugar da do mosaico. Ou seja, as metáforas do mosaico tornam-se cada vez mais incapazes de dar conta da nova estrutura dos territórios. Como apontamos acima, a desregionalização mostra como o próprio modelo concêntrico proposto pela Escola de Chicago, em que o processo de desenvolvimento evoluía ao longo de eixos de propagação, do centro para a periferia, tornou-se, definitivamente, inadequado. O mosaico, a representação de um "território suporte instrumentalizado do econômico, de uma economia organizada como conjunto de zonas contíguas, internamente homogêneas, que intercam-

---

3. Por exemplo, Jacques Lévy propõe Los Angeles como um caso de "policentrismo acompanhado por uma des-densificação" que, apesar da continuidade morfológica do espaço construído, tende a relaxar as ligações da "urbanidade" e, portanto, a "fragmentar o mercado do trabalho, os consumos culturais e as identidades" (Lévy, 1994, p. 408). Uma tendência contraditória com as dinâmicas de intensificação das relações sociais que apresentaremos nos próximos parágrafos.

TRABALHO E CIDADANIA

biam entre elas, não dá mais conta da emergência de um espaço de empilhamentos instáveis de múltiplas redes onde as metrópoles funcionam como pontes e interfaces transdutoras de energia, de informação e de valor" (Roo, 1994, p. 111-112). O espaço metropolitano pós-fordista, reconfigurado pelos processos contraditórios de desterritorialização e reterritorialização, redesenha-se como um território policêntrico, constituído por um enredo de redes. Um território mil-folhas cujos planos funcionam em escalas e métricas diferentes. Um território constituído, além da metáfora específica, por uma pluralidade de "centros", cada um deles caracterizado pela emergência de valores locais diferentes e, portanto, por específicos princípios de organização espacial (Dematteis, 1995, p. 79).

## De Chicago para Los Angeles: a cidade policêntrica

Desde o começo do século XX, ou seja, desde a afirmação da hegemonia taylorista na estruturação temporal e funcional do espaço urbano, a sociologia urbana formou-se na análise e na interpretação do protótipo da grande metrópole industrial norte-americana: Chicago. "Se há, na Universidade de Chicago, uma escola de sociologia original", dizia Maurice Halbwachs, "isso não está desvinculado do fato de esses observadores não precisarem procurar muito longe um objeto de estudo. Sob seus olhos acontecem, a cada dez anos, quase de ano em ano, novas fases de evolução humana sem precedentes" (Halbwachs, 1979, p. 291-292). Assim, ao longo de algumas décadas, os sociólogos urbanos analisaram as cidades a partir das categorias definidas pela Escola de Chicago. Com a crise do fordismo e de sua espacialização funcional, afirmou-se um novo paradigma. No deslocamento de centralidade, da *Snowbelt* para a *Sunbelt*,[4] o objeto privilegiado de análise das dinâmicas metropolitanas do pós-fordismo, passou a ser Los Angeles, novo paradigma urbano, "quintessência da cidade pós-moderna" (Dear, 1995) onde, como afirma Edward Soja, "tudo se junta" (1993, p. 231).

Na cidade erguida entre o Pacífico e o deserto, é fácil encontrar a correspondência com a noção de *hiperespaço* proposta por Fredric Jameson. O hiperespaço da metrópole pós-moderna é definido exatamente como o resultado das estratégias das organizações globais, transnacionais, que acabam esticando o espaço e o tempo da cidade até desnortear os tradicionais sistemas de percepção social. A estrutura de Los Angeles pode assim ser "comparada à de um microprocessador, ou seja, a uma 'trama complexa' feita de espaços de *transfert* e de armazenagem, sobre a qual viajam, a grandes velocidades, informações que vão colocando-se (...) em pequenos imóveis" (Blanquart, 1997, p. 155). Nela, "as justaposições aparentemente paradoxais [são] funcionalmente interdependentes". Assim "existem em Los Angeles uma Boston, uma Baixa Manhattan e um Sul do Bronx, uma São Paulo e uma Singapura" (Soja, 1993, p. 235). Dessa maneira, a cidade transforma-se numa soma de localidades organizadas em rede. Todas dependem uma da outra, mas todas tendem a construir seus sentidos na negação dessa interdependência, na fenomenologia de um novo paroquialismo hedonista. Heterogenei-

---

4. Los Angeles aparece, neste deslocamento de centralidade do cinturão do gelo para o do sol, como a última das três fases de desenvolvimento urbano descritas por Jane Jacobs (In: *Economy of cities*, 1969 apud Perulli, 1992): a cidade da produção artesã, a cidade da produção de massa e, enfim, a cidade diversificada (cf. Perulli, 1992, p. 91).

TRABALHO E CIDADANIA

dade social e amplitude espacial passam a inviabilizar todo tipo de configuração e de representação unitária do espaço. As tradicionais dimensões espaciais são superadas por novos tipos de cruzamentos de escalas e de métricas. A mais importante consequência é que os espaços urbanos e os espaços políticos tornam-se cada vez mais objetos de negociação.[5]

Como lembrou Mike Davis, de maneira tipicamente pós-moderna, Los Angeles é caracterizada ao mesmo tempo por experiências de desindustrialização e de reindustrialização. Metrópole informal, com uma miríade de salários mínimos, de empregos marginais nos serviços e de setores produtivos indefinidos, a cidade californiana pode ser considerada como uma cidade sobredesenvolvida, prosperando em cima de uma cidade do terceiro mundo e da heteronomia das fragmentações, bem como dos conflitos sociais, étnicos, raciais.

As análises e as interpretações sobre o novo modelo ainda estão longe de definir uma nova unanimidade. Por exemplo, se Michael Dear enfatiza o impacto dessas transformações em termos de crise da representação e de fragmentação política localista — quase anárquica — da administração urbana, outros autores acreditam encontrar nesses processos de desterritorialização a emergência de novas formas de controle baseadas no novo regime de acumulação e em suas dinâmicas espaciais e simbólico-imateriais. Assim, num artigo recente, David Harvey (1995) opõe à crise do controle, apontada por M. Dear, uma correlação direta entre essas transformações e a afirmação do regime de acumula-

---

5. "Determinar o tamanho da população da cidade depende de onde você coloca as fronteiras, do que você inclui. A linha não é desenhada de maneira definitiva; o tamanho atual de cada área metropolitana é aberto à interpretação" (Posner, 1997, p. 3).

ção flexível e de formas de controle mais estáveis. David Harvey relaciona, univocamente, os processos de flexibilização à fragmentação da organização de classe dos trabalhadores assalariados e da própria organização comunitária. Por um lado, estabeleceu-se uma tensão crescente entre o desemprego dos trabalhadores formais (fordistas e, implicitamente, "resistentes") e a multiplicação dos novos tipos de empregos "flexíveis", puxada exatamente pela recuperação e *gentrificação*\* dos centros das cidades e pelo "espetáculo". Por outro lado, e aqui temos os elementos mais interessantes, as adaptações internas à cidade obrigam as populações de baixa renda a adotar, para sobreviver, estratégias cada vez mais empresariais no seio das próprias comunidades. Digamos que as comunidades e as redes populares (em particular as redes de migrantes) são obrigadas, pela hierarquização do sistema de *Welfare*, a queimar suas próprias externalidades positivas.

O próprio D. Harvey coloca a emergência dos novos conflitos na perspectiva das contradições socioespaciais que essas transformações implicam. Trata-se da crescente polarização de classe determinada pela coabitação de zonas sociais de enriquecimento no meio dos bairros e das periferias mais pobres. São a flexibilização, o uso intensivo da economia informal pelos pobres e a empresarialização das relações intracomunitárias que explicam, continua Harvey, como essa polarização de classe acaba multiplicando os conflitos inter-raciais, interétnicos, religiosos e, mais em geral, interpessoais. O problema aqui é que, na visão de Harvey, toda forma de empresariado popular é "sinônimo" de repressão e de demolição das bases comunitárias. A questão, ao contrário,

---

\* Por "gentrificação" entende-se o processo de seleção das populações moradoras de um determinado espaço que acaba expulsando as classes médias e populares.

deveria ser a que aponta a crise da retração do espaço público, daquelas capacidades empresariais que as comunidades mostraram, em particular nos processos de autoprodução do espaço urbano. É a reprivatização do espaço público autoconstruído que transforma, reduzindo-as, as dimensões produtivas das redes sociais. O empreendedorismo difuso não é necessariamente um problema para as redes de cooperação social produtiva. Muito pelo contrário.

Essas abordagens das novas configurações sociais, políticas e produtivas de Los Angeles, por interessantes que sejam, não valorizam suficientemente os elementos mais profundos e propriamente paradigmáticos que podemos encontrar na configuração espaço-temporal dos novos processos de trabalho que a metrópole californiana contém e representa em forma exemplar. O fato é que esses elementos de transformação não se encontram na radicalidade e difusão dos fenômenos de polarização social (fragmentação) e espacial (segregação). Enfatizar esses fenômenos como instrumentos fundamentais de análise dos novos arranjos do espaço social-urbano no pós-fordismo acaba determinando uma inversão das relações de causa e efeito e, sobretudo, não permite que se percebam as modalidades pelas quais, nessas transformações, a metrópole pós-fordista emerge como novo espaço de produção e, portanto, sobretudo como novo espaço de luta e de libertação possível. Ou seja, atribuem-se aos dispositivos de controle socioespacial da metrópole as mesmas características técnicas (e econômicas), a mesma legitimidade (sociopolítica) que o comando capitalista conquistara na organização produtiva norteada pelo padrão fabril e articulada na funcionalização do espaço e na disciplinarização do tempo.

Fundamentalmente, atribui-se ao capital uma capacidade de disciplinarização social e de legitimação "técnico-científica" que ele não tem mais. Nessa perspectiva, exclusão, fragmentação e segregação constituiriam os instrumentos de mobilização dos fatores em condições de mercado e de competitividade satisfatórias segundo o novo regime de acumulação "flexível". Quando, ao contrário, esses instrumentos são meros dispositivos de comando, mas não mais de produção! É por essa razão que esses autores multiplicam os esforços para fechar o descompasso que ameaça abrir-se entre, por um lado, a intuição da reterritorialização/socialização da produção e, por outro, a vontade de manter, como instrumento da crítica, o papel das dinâmicas fabris. Um esforço que eles resolvem qualificando como "infantis" as interpretações do pós-fordismo como um regime de acumulação essencialmente pós-industrial. Por isso, o território produtivo que essas *démarches* propõem não dá conta do deslocamento paradigmático e permanece num horizonte neoindustrial.[6] É como se a fábrica, por causa da épica história de lutas operárias que a atravessaram, se tornasse o único modo de pensar um sujeito antagonista. O saudosismo da disciplina e do sofrimento operário justificar-se-ia pelo fato de que este tipo de exploração determinara as únicas formas de luta e organização dos trabalhadores que se enquadram nas figuras abstratas da ortodoxia marxista e de uma vaga, mas persistente, mitologia operária da "esquerda". Na melhor das hipóteses, essas resistências em admitir as dimensões pós-industriais acarretadas pela centralidade produtiva dos

---

6. Apesar de sua problematização ser bem mais avançada e corajosa, podemos ler em P. Veltz (1993): "Uma simplificação normal, mas infantil e leviana, é a que atribui à (...) polarização metropolitana a entrada numa era nova, a era pós-industrial". E também em E. Soja (1996, p. 79): "O termo mais usado para descrever essa reconfiguração recente do capitalismo é pós-industrial. Esse termo tem lá seu encanto, mas desvia erroneamente nossa atenção da centralidade permanente da produção industrial e do processo de trabalho na reestruturação contemporânea das sociedades capitalistas. É tão absurdo, à sua maneira, quanto descrever o que vem acontecendo como pós-capitalismo ou fim da ideologia".

TRABALHO E CIDADANIA

territórios metropolitanos respondem mal a uma tentativa fundamentalmente correta. Ou seja, para não aceitar o fim do trabalho, reafirmam a centralidade da indústria. Mantém-se o *black box* da fábrica em face da incapacidade de pensar as transformações do trabalho.

## Dos limites das abordagens neoindustriais dos novos espaços de flexibilidade produtiva

Mesmo trazendo importantes contribuições à análise dos mecanismos de reestruturação capitalista, o pano de fundo das abordagens citadas acima permanece completamente insuficiente, em particular no que diz respeito à interpretação do papel da mobilidade socioespacial e de suas formas diferentes: trabalho em domicílio, setor informal, flexibilidade etc. etc. — o que torna francamente problemática a determinação de rumos possíveis de práxis crítica e de transformação dessas tendências.

Com efeito, o horizonte dessas reflexões é inteiramente opaco à iniciativa antagonista. Por um lado, porque é ocupado unicamente pela iniciativa subjetiva[7] e/ou pela dinâmica sistêmica de um único ator, o capital globalizado e globalizador. Por outro, porque as únicas possibilidades alternativas repousam no renascimento de uma forma abstrata chamada "classe operária" ou, inevitavelmente, na revitalização do papel do Estado: seja — nas versões mais avançadas — pela renovação de sua ação reguladora,[8] seja pela revitalização da

---

7. Eles chegam quase a aceitar as dimensões parsonianas da dinâmica social, que "abre espaço para que pensemos a evolução da espécie concedendo centralidade à questão da *subjetividade coletiva*" (Domingues, 1996, p. 9).

8. "*O Estado seria o ator que poderia preservar e desenvolver os efeitos de coerência necessários à 'performance' global*" (Veltz, 1996, p. 249).

ideia de território por meio da ideia de nação,[9] seja pela definição de novos imperativos de mobilização dos recursos humanos e moderação do mercado.[10] Nessas perspectivas, as nuvens ameaçadoras da globalização conjugam-se ao novo regime de acumulação e tornam extremamente assustadores os territórios possíveis das novas contradições sociais e de uma nova práxis antagonista. Os poucos raios de luz que perpassam a onipotência das forças desterritorializantes e aceleradoras da globalização, mais do que fundar-se na observação de novas possibilidades e de novos comportamentos de resistência, acabam afirmando-se como princípios de uma alternativa tão abstrata quanto transcendental. No mínimo, esta última depende de uma improvável "crise objetiva do novo regime de acumulação flexível" (Harvey, 1995). Como vimos, os esforços para mudar de paradigma são limitados e desvitalizados, portanto, pela insistência em uma visão de resistência (e paradoxalmente conservadora) que visa manter, de maneira tão voluntariosa quanto improvável, o papel do Estado-nação como espaço de resistência "popular". No máximo, a recusa, correta, do uso ideológico (pós-moderno) da crise das "metanarrações", abre na realidade o caminho para uma conservadora e desviante cibernética social (cf. Domingues, 1996). Tornados orfãos pela derrota dos grandes corpos sociais coletivos (fossem estes considerados como configura-

---

9. Sem querer atribuir a Milton Santos o papel fundamental desse tipo de abordagem, podemos encontrar numa sua recente entrevista (*Folha de S.Paulo*, 13 out. 1996) um exemplo de como o generoso esforço de afirmar um futuro "*sob o comando do homem e não mais sob o comando da finança*" acaba propondo como passagem necessária o fato de que os "*governantes redescubram a nação e acreditem nas suas próprias nações (...)*".

10. Por exemplo, Pierre Veltz conclui seu livro afirmando que precisamos de uma "imensa obra" por parte do Estado, no sentido que o "papel econômico das instituições públicas encontra-se *ipso facto* reforçado. O Estado (...) tem um duplo papel que o mercado não pode preencher (...)" (1996, p. 248-249).

TRABALHO E CIDADANIA

ções ideológicas abstratas, ou como objetos de estratégias políticas de organização corporativa das representações sindicais e partidárias dos trabalhadores), os teóricos da crítica social do espaço acabam caindo no paradoxo de não reconhecer à sociedade aquela potência do múltiplo que, por enquanto, eles contribuem para apontar nas novas articulações espaço-temporais da acumulação.[11]

O problema essencial é que essas abordagens não sinalizam as ambivalências atuais e as heterogêneses possíveis dos processos de desterritorialização e de reterritorialização que caracterizam a passagem para o pós-fordismo e as relações extremamente móveis entre a globalização e seu contraponto, a revalorização das dimensões locais de constituição social e produtiva. Essa miopia é particularmente patente no uso dos termos mobilidade, flexibilidade, globalização e desterritorialização como se fossem categorias e noções equivalentes, exprimindo as mesmas dinâmicas, sempre e necessariamente sobredeterminadas pela recomposição do comando. Assim, a metropolização, a desregionalização, a crise da grande fábrica, das tradicionais centralidades urbanas e de suas espacializações funcionais aparecem sempre como fenômenos internos às dinâmicas de recomposição do ciclo de acumulação e de seus novos paradigmas.

A recusa teimosa da dimensão pós-industrial do pós-fordismo tem como pano de fundo as ambiguidades interpretativas ligadas à noção marxiana de "exército industrial de reserva" em seu uso para interpretar as questões da fragmentação social e as dinâmicas da segregação metropolitana. A noção de exército industrial de reserva aparece sob as formas

---

11. O próprio Soja se diz "convencido de que se perde um número excessivamente grande de oportunidades ao descartar o pós-modernismo como irremediavelmente reacionário" (1993, p. 12).

mais variadas. Se as associações mecânicas, do tipo "desemprego/queda dos salários reais", acabaram sendo marginalizadas embora resistam,[12] essas abordagens se sofisticaram, reproduzindo-se na análise da globalização como construção tendencial de um exército industrial de reserva mundial que não seria mais preciso mobilizar, pois o capital é que se mobiliza para localizar-se de maneira a otimizar as combinações produtivas. O que significa afirmar que a integração econômica dos países com baixos níveis salariais reais constitui uma "ameaça" para o emprego e os salários dos trabalhadores das economias centrais.[13] Também a noção de exército de reserva sustenta uma parte importante dos trabalhos teóricos e empíricos sobre a exclusão, as migrações internacionais, a pobreza e as variadas formas de fragmentação social que caracterizam o pós-fordismo. É nesse segundo nível que tal noção tem um papel particularmente nefasto, aceitando e veiculando, paradoxalmente, a retórica da reação política neoliberal. Embora, é claro, discordem sobre a necessidade dessas políticas, os dois lados aceitam o princípio de que a flexibilização do mercado do trabalho, isto é, um aumento

---

12. Nas análises de "esquerda" é mais fácil encontrá-las de maneira revertida, quer dizer, como elementos de explicação da conflitualidade operária. Um surto de lutas é quase sempre explicado pela saturação do mercado de trabalho. O economicismo esconde-se, desta maneira, atrás do moralismo de esquerda, pois as lutas não são condenadas. O inconveniente desse tipo de raciocínio, que encontramos por exemplo nas modelizações históricas do fordismo produzidas pelos regulacionistas franceses e por Alain Lipietz em particular, é que ele não sabe o que dizer em face da questão das migrações nacionais e internacionais. Assim, por um lado, essas abordagens ficam marcadas pela ilustre ausência das próprias migrações nas modelizações históricas do fordismo; por outro lado, elas ficam completamente desarmadas e, o que é pior, desarmantes, diante das políticas antiimigração e dos movimentos xenófobos que não param de se multiplicar neste fim de século.

13. Embora desenvolvida na perspectiva da solidificação das abordagens econômicas convencionais, a crítica contundente desenvolvida por Paul Krugman (1997) a esse tipo de aliança entre o protecionismo conservador e alguns setores da "esquerda" é instigante.

do estoque de desempregados pela queda dos níveis de uso das capacidades produtivas (ou pela racionalização produtiva), determina inevitavelmente uma flexibilização dos salários e um enfraquecimento dos níveis de organização sindical dos trabalhadores. A flexibilidade é única e necessariamente um produto da reorganização do capital. Para os neoliberais, trata-se portanto de conquistar a "flexibilidade" pela quebra sistemática de toda forma de organização da sociedade civil. Para os outros, trata-se de manter a relação salarial taylorista-fordista, uma vez que sua rigidez permitiria que os trabalhadores se organizassem. A classe operária e suas lutas tornam-se, portanto, um valor em-si, algo a ser "conservado", um produto do passado e não da constituição intempestiva do futuro na ruptura do presente.

Os mais duros opositores à visão neoliberal são exatamente os empresários mais schumpeterianos, os que entendem que na quebra sistemática dos dispositivos de *Welfare* não se constrói nenhuma flexibilidade real, mas elementos micro e macroeconômicos de competitividade a curto-prazo destinados a evanescer-se no longo prazo e no nível macroeconômico ou da competitividade sistêmica. O primeiro opositor, irredutível, ao conservadorismo de "esquerda" é a própria classe operária e mais em geral o novo proletariado pós-fordista. É impressionante como a precária hegemonia ideológica do neoliberalismo acaba reforçando as mais estáticas tradições de um marxismo transformado em mero cânone de uma liturgia abstrata. Esquecem-se assim as grandes contribuições da renovação do marxismo dos anos 1950 e 1960 e, sobretudo, os ensinamentos das grandes lutas operárias dos anos 1960 e 1970. Nestas, apareceu claramente que "força de trabalho" e "classe operária" não são sinônimos. Que, como dizia E. P. Thompson, "a classe não luta porque existe, mas existe porque luta". Ou seja, a classe constitui-se "fora e contra", na negação da sua existência alienada determinada pela relação salarial. É por isso que a greve afirmou-se como instrumento fundamental de luta; exatamente porque nela se exprimia e se modulava essa descontinuidade essencial que opõe a categoria de força de trabalho às recomposições concretas, subjetivas, autônomas da classe operária. Da mesma maneira que para os escravos e os servos a luta tinha como eixo fundamental uma "linha de fuga" e como objetivo mínimo a liberdade (Boutang, 1998), também para as forças de trabalho formalmente livres mas submetidas materialmente, o horizonte de luta é exatamente o da sua autodestruição, ou seja, sua constituição como classe, como dinâmica subjetiva (antagônica) e independente, liberta das correntes da relação salarial. Em épocas históricas e em termos materiais diferentes, a fuga da fábrica, a reconquista da recomposição de trabalho e propriedade são os termos dessa autodestruição vitoriosa. Nessa perspectiva, da qual a classe operária é portadora, é que Marx pensou a recomposição das esferas do econômico e do político, do trabalho e da propriedade, da igualdade e da liberdade.

Com efeito, após mais de vinte anos de reestruturação produtiva e de aumento irreversível dos níveis de desemprego, as previsões ortodoxas ligadas à teoria do exército industrial de reserva não encontram as confirmações empíricas esperadas. Por um lado, verificamos que não são os níveis globais dos salários reais que baixaram, mas as desigualdades que aumentaram, em particular entre os salários dos trabalhadores desqualificados e os dos trabalhadores mais qualificados. Mais do que as relações de oferta e demanda no mercado do trabalho, é a composição interna ao ciclo produtivo que tem uma importância decisiva. Por outro lado, as inércias pesadas das diferentes formas de *Welfare State* ao longo dos anos 1980, na longa década de reação

TRABALHO E CIDADANIA

neoliberal, acabaram pondo em xeque a lei empírica de Phillips, ou seja, mostrando que o salário, já na época do fordismo, não constituía senão um elemento de uma "renda composta" por um conjunto de rendas decorrentes de outras atividades e, inclusive, por *transferts* monetários públicos incompressíveis.[14]

Portanto, só mudando de paradigma podemos abrir a questão da flexibilidade a um horizonte de alternativas e de lutas. A flexibilidade pode e deve, assim, ser apreendida como espaço e dinâmica de reorganização do comando, mas também como produto e eixo de avanço das lutas sociais. Por um lado, a flexibilidade é um produto das lutas, da fuga da fábrica, da potência livre das forças universalizadoras dos espaços públicos que perpassaram o fordismo e sua crise. Por outro, ela é recuperada na lógica do comando pelos mecanismos da fragmentação e das segregações, isto é, pela desuniversalização dos bens públicos que a classe produziu apesar e além do corporativismo fordista. Mas essa fragmentação — cujo motor baseia-se fundamentalmente no uso dos instrumentos da desmaterialização monetária e financeira —, que torna a flexibilidade um dado interno ao novo regime de acumulação, não tem nenhuma função de mobilização social das forças produtivas. No novo paradigma, a fragmentação e a segregação não asseguram os arranjos produtivos, nem a legitimidade do comando. Só arranjam o comando em si. Ou seja, esses processos apenas produzem comando enquanto função pura de controle, sem propiciar nenhuma dinâmica produtiva. Ao contrário, é a produção de comando que reduz, segundo um malthusianismo revertido e perverso, a eficiência social produtiva como um todo. A fragmentação social

---

14. Lembramos as inovações introduzidas neste sentido e, em particular, o Salário Mínimo de Inserção na França [Revenu Minimum d'Insertion (RMI)].

aparece assim como instrumento de redução da flexibilidade socioprofissional (e não de seu crescimento!). Ao mesmo tempo, a segregação espacial faz com que o espaço liso de mobilidade se torne um território estriado de guetos e condomínios fechados. A velha clivagem Morro-Asfalto atualiza-se e afirma-se como horizonte metropolitano universal.

Precisamos, portanto, de uma abordagem mais aberta, para valorizar a rearticulação das subjetividades que determinam o processo de metropolização e ao mesmo tempo são determinadas por ele. Contrariamente ao que podemos ler em muitas das análises críticas dos processos de metropolização, esse novo papel do espaço social urbano não se constituiu por meio dos fenômenos de re-hierarquização e recentralização que atravessam a cidade pós-fordista (ou pós-moderna) e que foram simbolizados pelas grandes operações de revitalização e *gentrificação* dos centros urbanos e das *friches* (baldios) industriais do período do auge da reação neoliberal (em particular nos casos das operações de *waterfront*). Não podemos analisar essas operações de revitalização urbana meramente sob o ângulo pós-moderno de uma desmaterialização econômica que corresponderia à mera terciarização da cidade e a um processo linear de desindustrialização.

As dinâmicas pós-industriais precisam ser analisadas não no horizonte do desaparecimento da produção de bens materiais, mas no de sua subordinação às atividades imateriais e linguísticas que requalificam o regime de acumulação. Neste sentido é que as cidades mundiais constituem, conforme Saskia Sassen (1991), "locais de produção pós-industriais". Assim, o crescimento de Los Angeles depende efetivamente do papel muito ativo do "complexo industrial e do porto" que estão no "cerne do crescimento de serviços para a pro-

TRABALHO E CIDADANIA

dução no distrito", atividades que tendem a determinar "uma demanda de serviços de um tipo diferente com relação à expansão das atividades financeiras" (Sassen, 1991, p. 222-223). Novas atividades, novos serviços que não têm a ver com a volta dos territórios e das dimensões locais, mas com a transformação qualitativa da substância desses. Voltamos aos territórios, mas a territórios diferentes. E voltamos exatamente na medida em que estes perdem as características funcionais e operacionais da época industrial. Por causa disso, esse retorno coincide com a volta à cidade, ou seja, ao território mais humanizado, ao espaço das inter-relações comunicacionais mais intensas.

A crise do regime de acumulação fordista abriu a possibilidade de fechar aquele "parêntese da urbanidade" que Jacques Lévy (1993, p. 291) define como um período de dominação do paradigma industrial: dominação objetal contra a cidade, isto é, contra a urbanidade.[15] Esse deslocamento, longe de resumir-se numa recentralização excludente e hierarquizadora, se apresenta como processo altamente contraditório. Ele tampouco se resume a uma mera volta à "urbanidade" da cidade, pois esta transformou-se e deixa aberta a questão de saber como a própria "urbanidade" também mu-

---

15. Jacques Lévy sublinha em particular como o "urbanismo objetal e autoritário, lecorbusien, incapaz de pensar algo que não fosse objeto de troca monetária, acabou marginalizando e reduzindo" a *urbanidade* porque ela é gratuita. Esse urbanismo instrumental, cartesiano (solução autoritária da contradição entre o todo e as partes pela decomposição funcional da vida: habitar, trabalhar, cultivar o corpo e o espírito e circular) não viu que a *urbanidade* ia mostrar-se produtiva pois ela: "consiste na situação (que põe) em copresença o máximo de objetos sociais numa conjunção de distâncias minimais" (Lévy, 1993, p. 286). Este período corresponde à idade II da cidade, segundo as palavras de Christian de Pontzamparc (1998, p. 12). Nesta fase, o espaço público desaparece enquanto padrão estruturador da cidade. Os grandes prédios-máquinas (as máquinas de morar de Le Corbusier) tornam-se centrais e indiferentes aos lugares, "opondo-se à ideia de cidade".

dou. Por um lado, efetivamente, há um processo de reorganização da tradicional "centralidade concêntrica" pela afirmação de uma rede policêntrica que faz com que sejam eliminados os fatores de propagação e de redistribuição em ato no período fordista. Por outro lado, a própria dupla "centro-periferia" é ultrapassada pela emergência de centralidades de novo tipo. As múltiplas formas do processo de desterritorialização, a mobilidade, a flexibilidade, bem como os usos horizontais dos espaços intersticiais, não pertencem, *ipso facto*, ao novo regime de acumulação. O controle e a captação dessas novas variáveis são bem mais complexos e instáveis do que as leituras supostamente críticas deixam acreditar. A violência da reação neoliberal, em particular nos países periféricos, não é proporcional à onipotência da acumulação global, mas à precariedade dos mecanismos de controle político e de captação dos fluxos produtivos que a incontornável emergência do imaterial, do extraeconômico e da "urbanidade" determina enquanto figuras da socialização produtiva.

O processo de metropolização e de desterritorialização, em vez de ser um fenômeno linear de reorganização do regime de acumulação do capital globalizado, determina-se em terreno de constituição de novas subjetividades e de novos conflitos sociais. Podemos, portanto, concordar com as abordagens que procuram apresentar o espaço como variável fundamental para a teoria social crítica, mas temos de nos distanciar delas em dois níveis. Por um lado, apontando que, na emergência da variável espacial como determinante estratégica do pós-fordismo, a mobilidade social dos sujeitos antagonistas tem um papel pelo menos tão importante quanto to o dos próprios processos de indiferenciação espacial determinados pela globalização do regime de acumulação. Por outro lado, precisamos evitar que a "espacialização" das problemáticas socioeconômicas funcione como maneira de resolver a questão da socialização da produção pelo duplo desvio da geografia e das abordagens sistêmicas.

Ao mesmo tempo, é preciso evitar fazer coincidir a reemergência da urbanidade como mero processo de recentralização dos espaços de socialização. Trata-se, ao contrário, de trabalhar para apreender as tensões que essas novas articulações determinam em torno não de um "centro" topológico e estático (do qual dependeriam relações unívocas de inclusão e exclusão), mas da sua produção por deslocamentos, cooperação social e afirmação de novos princípios de fruição estética (*jouissance*). A extensão e a linearização das cidades ao longo das vias de comunicação rápida acaba estilhaçando a homogeneidade do centro administrativo religioso e comercial herdado da sua história. Em outras palavras, a metrópole tira à cidade seu estatuto originário de lugar fechado. Sua dimensão de *enclosure*, de homens amontoados por uma muralha (Duvignaud, 1977, p. 13), é cada vez mais superada. A relação com o território, com o que era o espaço dos *nômades*, com a não cidade, rearticula-se num paradigma em que a tradicional oposição fechado/aberto não consegue mais explicar as especificidades do novo papel do espaço social metropolitano.[16]

O "centro" da nova urbanidade, ou seja, seu policentrismo, aparece nessa perspectiva como algo mais complexo,

---

16. Nossa hipótese é, portanto, que não há inversão da dimensão originária da urbanidade que se oporia ao fora do campo e que faria com que hoje em dia "a urbanidade se opusesse ao desenvolvimento territorial". O fora, a nosso ver, não "tem a figura da rede, do território, do espaço indiferenciado", como afirma O. Mongin (1998, p. 45). O local não é o oposto do global, nem a condição da "recusa técnica" (p. 46). As tensões entre estas duas dimensões se jogam continuamente e, exatamente, na ausência de um "fora".

fruto de processos simultâneos e interdependentes de desterritorialização (princípio de oportunismo Querrien, 1995) e de reterritorialização existencial, isto é, de determinação de proximidades virtuais, espacial e temporalmente dependentes dos critérios subjetivos de identidade e de *jouissance,* isto é, de uma "urbanidade" imediatamente produtiva não por meio de um impossível retorno a um espaço urbano como "consciência de um espaço fechado encarnado neste espaço" (Duvignaud, 1977, p. 16), mas como a grande cidade transforma-se em lugar de máxima tensão produtiva entre os processos de individuação e os de socialização, entre as trajetórias (diagramas) da subjetividade e os espaços públicos de frequentação, isto é, de comunicação, de trocas linguísticas. O policentrismo do arquipélago não é necessariamente um espaço de exclusão e fragmentação. Muito pelo contrário, ele pode determinar-se como espaço de aberturas virtuais, de liberdades produtivas e criativas sem precedente. Como afirma Paolo Perulli, "se a grande cidade americana representou, na época da produção de massa, um modelo universal de referência, sua crise reabriu espaços de experimentação e de liberdade com relação ao modelo dominante" (Duvignaud, 1977, p. 92).

O interesse dessa abertura de abordagem é ver, no cerne das análises sobre as transformações, os novos territórios sociais e espaciais como espaços virtuais: níveis de máxima determinação livre e aberta da interação dos sujeitos produtivos. Como os pioneiros da Escola de Chicago procuravam nas zonas de degradação preciosos indicadores sociais, étnicos e culturais dos problemas característicos da formação da grande cidade industrial, as áreas intersticiais das metrópoles pós-modernas constituem hoje em dia os espaços de uma nova virtualidade produtiva. O retorno da urbanidade não corresponde à reafirmação mecânica de uma nova e estável hierarquia espacial e social. Ao contrário, trata-se de uma urbanidade constitutiva de "centralidades" difusas, intersticiais, avulsas das tradicionais hierarquias espaciais. Esta sua nova dimensão vital, indisciplinarizável, faz com que o comando tente reproduzir-se pela difusão de articular instrumentos de exclusão, fragmentação e segregação.

## A cidade, novo espaço de trabalho imaterial

As novas dinâmicas espaço-temporais da metrópole produtiva pós-industrial constituem, portanto, um horizonte aberto de determinações virtuais e livres em relação às quais os elementos de fragmentação e segmentação sociais, por dramáticos que sejam, só representam determinações "segundas" de reorganização do comando (e não das combinações técnico-científicas da produção). Isto é, se segregação e fragmentação apenas representam determinações de controle e não mais elementos estruturadores das condições materiais de produção, então precisamos aprofundar nossa análise dos elementos centrais dessas novas dimensões produtivas dos espaços de territorialização existencial, das redes de socialização que qualificam a nova urbanidade. Vale dizer, precisamos perguntar se a transformação da disciplina em controle apenas acontece por meio de mecanismos de reprodução tautológica do capital e de suas formas de apropriação privada do produto social, ou seja, se essa ambiguidade do biopoder esconde elementos de nova legitimação produtiva do capital. Para responder, precisamos entender melhor como a cidade funciona como novo espaço de um regime de produção baseado no trabalho imaterial e nas suas diferentes figuras.

Por exemplo, Paul Krugman (1997, p. 197) sugere que uma "forma particularmente boa de se entender a economia norte-americana é estudando suas cidades" e, em particular, a nova configuração destas a partir da metrópole californiana. Como apontamos acima, é fácil entender o impacto dessas afirmações quando se considera que a partir das transformações das cidades é possível analisar e representar as transformações gerais do regime de acumulação pós-fordista. Na cidade, nas dinâmicas da urbanidade, a recomposição do fazer e do agir se articula, se desenvolve e se desloca. Conforme Hannah Arendt, a *polis* volta a simbolizar a obra e ao mesmo tempo a recomposição com o *animal laborans* da moderna sociedade de consumo. A centralidade da cidade está também no fato de nela as relações de produção e consumo se tornarem intercambiáveis e tendencialmente indistinguíveis. Na cidade se afirma uma circularidade de consumo e produção que, impedindo uma racionalização dos padrões de medição, alimenta e amplifica a crise dos sistemas fiscais das grandes cidades, já antecipada por J. O'Connor (1974) desde o começo dos anos 1970.

A comparação de Los Angeles com Chicago confirma-se como um útil instrumento desse exercício, pois ambas constituem uma corporificação "quintessencial" da "cidade norte-americana, [de] sua energia, [de] seu estilo" (Krugman, 1997, p. 198)[17] numa época determinada. Deste ponto de vista, as duas metrópoles mostram expressivas semelhanças. A primeira semelhança está relacionada ao fato de as duas cidades constituírem o protótipo de uma época. A segunda, a um desenvolvimento proveniente da expansão de paradig-

---

17. Cf. também Dear (1995): "Los Angeles (...) pode ser considerada como a quintessência da cidade pós-moderna". Dear considera o pós-modernismo como "estilo, período histórico e método".

TRABALHO E CIDADANIA

mas econômicos em que os mercados internacionais têm um papel extremamente importante. "Em termos econômicos, pode-se dizer que Chicago, em 1894, fazia parte de um mercado global tanto quanto Los Angeles hoje" (Krugman, 1997, p. 199). É exatamente em função dessas semelhanças que, numa segunda abordagem, a comparação funciona como instrumento eficaz de definição das diferenças. As especificidades da metrópole californiana revelam as características gerais da cidade pós-moderna.

Qual é a característica fundamental e fundamentalmente nova de Los Angeles como cidade pós-industrial? Ainda que de maneira provisória, podemos dizer que se trata da característica própria dos níveis de abstração do trabalho que nela flutuam como virtualidades que, a todo instante, podem realizar-se e condensar-se. Isto é, o que caracteriza Los Angeles é o fato de ela explicitar a correlação entre dinâmica metropolitana e os níveis de "abstração" definidos pelo novo paradigma econômico. Nela, a produção que a cidade estrutura "parece dissociada do mercado físico". Os fluxos que a estruturam são essencialmente imateriais. O primeiro nível dessa abstração deriva exatamente dos elementos de desterritorialização que caracterizam Los Angeles com relação a Chicago que, enquanto capital da região dos grandes lagos, constituiu-se como a "metrópole da natureza" (Cronon, apud Krugman, 1997, p. 200); a metrópole californiana desenvolveu-se por um tipo de dissociação de suas "raízes geográficas". Isto é, em vez de constituir um lugar de convergência infraestrutural de um conjunto determinado de territórios,[18]

---

18. "Chicago foi a cidade que as ferrovias fizeram: era o lugar onde as linhas ferroviárias do Meio-Oeste exterior convergiam, como um imenso sistema de raízes coletando nutrientes para alimentar os grandes troncos (...) que levavam ao leste" (Krugman, 1997, p. 200). É fácil transpor, na Chicago da indústria de trans-

Los Angeles emerge no desenraizamento, como algo auto-produzido, "um lugar fora do lugar" (Krugman, 1997, p. 200-201). Nela convergem fluxos materiais e imateriais desterritorializados, segundo processos e modalidades completamente independentes dos entornos geo-infraestruturais. Trata-se de um lugar "autorreforçado", produto de uma completa humanização e, portanto, do paradoxo de uma cidade que junta à sua dinâmica artificial suas dimensões incontornáveis: "as 11 milhões de pessoas da Los Angeles moderna estão ali umas devido às outras; se fosse possível desenraizar a cidade inteira e deslocá-la oitocentos km, a base econômica mal seria afetada" (Krugman, 1997). Uma independência (ou indiferença) "geográfica" que, na realidade, afirma a força ainda maior da nova espacialidade e, sobretudo, o fato de esse "desenraizamento" sequer ser possível no plano da "transferência" dos processos.[19]

O segundo nível de apreensão da abstração é o da configuração do trabalho na metrópole de Los Angeles. Ele diz respeito às dimensões imateriais de seu modo de produção,

---

formação dos produtos agrícolas do *Middle-West*, as clássicas imagens de Paris do começo do século, nas belas páginas de Aragon que descrevem o coração vivo da madrugada parisiense: "*des hommes pesants et lestes semblaient dans leurs bras nus et musclés traire les formidables mamelles d'une nuit nourricière*", Les beaux quartiers, Paris, 1936, p. 315. A cidade da natureza aparece em uma imagem naturalizada. Uma natureza-maquínica, teatro da vida, do trabalho e da fome. Naturalização da produção humana na qual nasce a horrorosa indiferença para os casos individuais, o "*mépris total de l'homme qui semblait habituel au pavé de Paris*".

19. Vide as problemáticas da não transferibilidade das economias locais apresentadas por M. Storper e que nós analisamos no Capítulo 2. Lembramos também que, em um outro livro, Krugman (1996, p. 69) enfatiza a análise dos processos de concentração das atividades terciárias. Embora ele use as dos processos cumulativos para explicar esses fenômenos, podemos sublinhar esta nova tendência de localização dos serviços que contrasta com a de dispersão da indústria. Concentração espacial dos serviços que corresponderia a um certo nível de especialização das localidades numa determinada produção terciária.

TRABALHO E CIDADANIA

percebidas na indiferenciação de uma bacia de emprego que tende a coincidir com a própria população metropolitana.[20] Se era possível ter uma ideia do papel de Chicago do começo do século somente andando pela cidade, em Los Angeles este não é mais o caso. A produção e o transporte de coisas, de bens materiais constituíam a marca clara do corpo-urbano. Andar por Los Angeles não permite hoje em dia construir nenhuma ideia sobre suas atividades econômicas. "De novo, a economia da cidade parece estranhamente dissociada de qualquer sensação de lugar" (Krugman, 1997, p. 202). Indiferenciação que, não esqueçamos, contrasta com a hiperlocalização determinada pela emergência da centralidade metropolitana como puro artefato, mera determinação de seus níveis de absoluta humanização. O hiperlugar deixa-se indiferenciar no seu interior, e isso não apenas porque sua produção seria flexível e intercambiável. O que circula, o que assegura a fluidez das dinâmicas integradas de produção e reprodução, são os níveis de extrema homogeneidade, flexibilidade e, sobretudo, cooperação e socialização de um "mundo do trabalho [...] indistinguível". As infraestruturas da cidade pós-fordista são sobretudo de ordem imaterial, pois o acesso aos conhecimentos, às informações e à qualidade da força de trabalho constitui o requisito, invisível mas extremamente importante, para o desenvolvimento local (Doeringer, 1987). Os trabalhadores são indistinguíveis, pois eles trabalham indiferentemente nos vários elos de espacialização produtiva metropolitana e explicitam a inserção desses elos empresariais no tecido produtivo da cidade.

O interesse do deslocamento de Chicago para Los Angeles não está, portanto, nas dinâmicas da segregação espa-

---

20. Vide parágrafo 3º, Capítulo 3 sobre a noção de Bacia de Trabalho Imaterial.

cial, nem nas da fragmentação social que podemos encontrar na metrópole californiana. Temos de encontrar essa dimensão paradigmática nas novas dinâmicas produtivas. Los Angeles interessa por ser o lugar privilegiado para a análise do que podemos chamar de nova centralidade de um trabalho abstrato que funda as dimensões de sua concretização. Nesta centralidade do trabalho em geral, a cidade — e Los Angeles entre as cidades — constitui o teatro de atualização possível da virtualidade geral que o trabalho abstrato representa.

No taylorismo, a abstração do trabalho constituía o dispositivo científico-disciplinar que, por um lado, assegurava a legitimidade técnica do capital que cuidava de concepção e, por outro, o contínuo aumento da produtividade do trabalho manual de execução. Em face dos níveis cada vez mais elevados de abstração, o concreto só reaparecia na ruptura da máquina organizacional. O concreto, o trabalho vivo recomposto subjetivamente, resistia a ser canibalizado pelo trabalho morto, pela maquinaria. Ou seja, ele agia como negação de sua própria alienação personalizada pela ditadura técnico-científica do trabalho morto e dos padrões espaço-temporais nos quais se objetivava a disciplina fabril. Nesta dialética do abstrato e do concreto enquanto trabalho negativo, a valorização só foi possível pela síntese do desenvolvimento, de uma repartição da renda que empurrava para frente, amplificando-a, a impossível recomposição do fazer e do agir. É por isso que, no taylorismo, o capital torna-se trabalho morto que, para valorizar-se, precisa ser "vivificado" pelo trabalho vivo, isto é, pela classe. É nesse espaço que a classe operária pôde afirmar seu monismo e deslanchar as grandes ofensivas de luta que caracterizaram o século XX e sobretudo o segundo pós-guerra.

# Conclusões

No pós-fordismo, o fazer recompõe-se com o agir. Abstrato e concreto reencontram-se nas múltiplas figuras da virtualidade global das relações sociais enquanto relações imediatamente produtivas. Os dois termos tendem a se reunir. Nesta recomposição de abstrato e concreto, a valorização encontra na própria aleatoriedade subjetiva da relação social (e não na previsível objetividade da relação salarial) as condições de sua realização. Isso significa que a cooperação social produtiva vem antes de um comando capitalista que aparece enquanto tal, nu, desprovido de toda roupagem técnico-científica. O trabalho pode enfim tornar-se — exatamente nesta recomposição do fazer com o agir, do abstrato com o concreto — o verdadeiro eixo das novas lutas de classe. Podemos, portanto, concordar com esta afirmação: "Se a hegemonia burguesa é dada pelo capital, a hegemonia da classe não proprietária só pode vir do trabalho" (Campregher, 1997, p. 892).

A recomposição do abstrato e do concreto no marco da nova centralidade de um trabalho que, *ipso facto*, coincide com a vida surge como o plano de constituição de uma nova contradição, a que opõe um trabalho cujas dimensões concretas e abstratas seriam definitivamente recompostas às formas que, por meio de sua nova decomposição, reduzem sua potência produtiva. Um trabalho que aparece como recurso social geral. Como apontamos, a partir de A. Negri, o controle capitalista emerge nesse contexto como mera tautologia, comando que produz comando pelas técnicas e os agenciamentos da biopolítica. Portanto, as condições do enfrentamento de classe perdem toda determinação objetiva e tornam-se imediatamente subjetivas. Organização produtiva e organização da *polis* constituem duas maneiras de definir o mesmo horizonte. Organização econômica e técnicas jurídicas inevitavelmente recompõem-se, na medida em que o capital, perdendo sua legitimação científica, acaba desvelando sua natureza artificial e universalmente humana. O fetichismo e a reificação do capital aparecem nas suas fraquezas e, paradoxalmente, na época das privatizações, a questão da propriedade pública dos meios de produção torna-se central. A *"reconciliação* entre trabalho e capital"* é possível exatamente porque o capital desvela-se como espaço público de atualização da geral virtualidade produtiva. Os processos de financeirização e privatização apenas obscurecem, pelos efeitos da hiperacumulação, os novos desafios, os que abrem uma batalha social e imediatamente política em torno da "participação de todos no trabalho e na propriedade (o que é mais que ter emprego e salário)" (Campregher, 1997).[1]

---

1. As ambiguidades neoliberais de Hernan de Soto mantêm-se, neste nível, instigantes. Em um artigo recente ele afirma que "poucas pessoas fizeram a conexão entre direitos de propriedade e desenvolvimento do mercado" e por isso tivemos a "explosão das atividades informais, as cidades da ilegalidade difusa", ou seja, "as maciças ocupações rurais do terceiro mundo ao longo dos últimos 50 anos nada mais são que uma espontânea e incontrolada emergência da propriedade informal: um processo que deveria ser objeto de formalização para que esta energia fosse canalizada nas prósperas e organizadas economias de mercado" (Soto,

Chegamos assim a definir uma nova perspectiva teórica e política, alternativa ao mesmo tempo à ideologia pós-moderna (do fim do trabalho) e às abordagens de cunho neoindustrial. Mas é claro que essa perspectiva alternativa ainda deixa abertos, na definição de um novo tipo de "parasitismo capitalista", alguns importantes quebra-cabeças. Parafraseando Thomas Kuhn e sua teoria das revoluções científicas, digamos que o novo paradigma está precisando de um trabalho extraordinário de solução de enigmas constituintes. Colocamo-nos, portanto, no interior do paradigma e, ao mesmo tempo, tentamos participar do trabalho de sua verificação e de sua constituição.

Julgamos que a recomposição do abstrato e do concreto na nova centralidade de um trabalho que coincide com a mobilização da vida enquanto tal, nos processos de valorização, é controlada por uma biopolítica que não age apenas como técnica de comando, mas também como fruto da reemergência de novas condições possíveis de alienação e separação. Neste sentido, a recomposição da subjetividade produtiva, produto dos níveis de máxima socialização do trabalho e de máxima subsunção do mundo da vida no processo de valorização, permite às técnicas do biopoder afirmar-se na medida em que duas configurações opostas dessa recomposição ainda são possíveis.

Isto é: por um lado, a nova centralidade do trabalho emerge como determinação da extrema concretude da relação social e de suas configurações espaço-temporais, em particular nas dinâmicas metropolitanas. Neste nível, o fazer e o agir

---

1993). O que Soto não quer ver, do lado das "prósperas economias centrais", é exatamente o fato de que, nestas, a propriedade estatal chegou aos níveis mais elevados de "efetiva publicidade".

encontram-se nas figuras sociais de um novo tipo de trabalho. O agir constitui e constitui-se a/na cooperação social produtiva: horizontalidade produtiva da liberdade enquanto ação aleatória de uma infinidade de atos linguístico-comunicativos que articulam, de maneira inextricável e polifônica, dinâmicas de consumo, produção e criação. Neste horizonte, que corresponde às dimensões concretas dos territórios de proliferação da cooperação social produtiva, o comando aparece como mero parasitismo capitalista. O saber apresenta-se aqui como irredutível imanência de um saber social difuso, saber em geral de uma temporalidade interna aos desejos de constituição da liberdade. O biopoder aparece como potência da vida. Poder de tudo constituir. Constituir o mundo e gozá-lo constituem dois momentos do mesmo processo. Os meios e os fins coincidem. A socialização é condição do mercado, o mercado da liberdade. O político abre-se à superação da guerra.

Mas, por outro lado, a recomposição do fazer e do agir dá-se sob o regime de uma aceleração dos processos de difusão de inovações tecnológicas que têm duas características fundamentais: a primeira é a de caracterizar o impacto de tais inovações não pela amplitude de suas aplicações, mas pela amplitude da sua difusão na sociedade; a segunda é a de serem tecnologias centradas na gestão e articulação do conhecimento abstrato. Neste horizonte, a nova centralidade do trabalho não aparece mais como recomposição subjetiva do fazer e do agir, mas como tornar-se produtivo do abstrato enquanto tal e, portanto, como "negação possível do negativo" enquanto condição da sua valorização. O saber em geral aparece aqui como poder social da abstração de um capital que ainda tem condições de reverter sua tendencial condição de parasitismo. Nesta brecha, o capital reconstitui e reconquista a capacidade de "ocultar" o papel do trabalho na subsunção real. "No modo

TRABALHO E CIDADANIA

de produção especificamente capitalista, na subsunção real, o trabalho produtivo não aparece mais como o pivô que define a organização social capitalista. A produção assume uma qualidade objetiva, como se o capital fosse uma máquina que funciona por conta própria, um autômato capitalista" (Negri e Hardt, 1994, p. 40). O biopoder reencontra a disciplina.[2] Poder sobre a vida. Contingência radical do ser. Possibilidade de tudo destruir. Construir o mundo e gozá-lo constituem dois momentos antagônicos. Mais uma vez, a obra separa-se do ato de sua produção, os meios dos fins, e a mediação pelo mercado encontra-se como única dimensão possível de socialização. A cooperação aparece na fenomenologia das novas hierarquias salariais e sociais que separam o trabalho qualificado do trabalho desqualificado. A liberdade torna-se liberalidade das opções pelas quais os segmentos sociais, que fundam suas cooperações na segregação espacial e social, podem otimizar suas taxas específicas de produtividade pela nova servidão dos trabalhadores desqualificados dos serviços tradicionais e da produção material, embora isso acabe reduzindo a taxa global de produtividade social e "relativizando" o servilismo pós-moderno imposto pela subsunção real. O político mantém-se como espaço de continuação da guerra por outros meios.

---

2. Marazzi (1996) afirma que há palavras que conseguem veicular mais informação, mais comunidade. Trata-se das palavras do trabalho complexo. Poderíamos portanto dizer que há "excedentes" determinados pelo uso da língua e, mais em geral, pela veiculação da comunidade na sua forma abstrata? Se isso acontece, podemos acrescentar: o trabalho complexo reproduz sempre uma (nova?) hierarquia e sobretudo uma acumulação. Acumulação que se traduziria, ao mesmo tempo, em capital fixo/linguístico e capital imobilizado no controle do território. O que Marazzi define como capital feito por hierarquias profissionais e meritocráticas, grupos de qualidade, formas de cooperação, de participação... (Ibid., p. 52). É a hierarquia que vai permitir a privatização da língua.

Isso significa que precisamos trabalhar mais as contradições internas aos próprios conceitos de trabalho imaterial e de *general intellect*. Sabemos que Marx apontava como, para o dinheiro chegar a desempenhar, por si mesmo, uma ação produtiva, ele precisava de uma relação imediata com a produção social da riqueza, com o trabalho assalariado. Nesta antecipação, a dinâmica do dinheiro, enquanto ação produtora e não mais só destruidora (forma geral da intercambiabilidade das mercadorias), aparece como configuração da generalidade de um intelecto que se torna público. O dinheiro enquanto relação social que se torna produtiva constitui a outra face do *general intellect*. Duas configurações da riqueza na sua forma geral, isto é, imediatamente socializada. Nesta ambivalência, do concreto que absorve o abstrato social (o trabalho em geral como determinação imanente e comunicativa da relação social) e do abstrato que absorve o concreto (a generalidade do trabalho na sua fenomenologia simbólica que hipostasia e normaliza a produção linguística) na forma-dinheiro,[3] encontramos, não a negação do parasitismo do capital, mas a força de sua determinação, do biopoder como poder sobre a vida, perante o biopoder como potência da vida. Encontramos a abertura da síntese entre "concretude" da cooperação e abstração do simulacro na qual o comando reproduz a arte de sua transfiguração.

---

3. Marazzi (1996) sugere: "La similitude, voire la possible superposition entre argent et langage, tous deux 'équivalents généraux', aide à comprendre à la fois la puissance productive du langage et ses limites, l'immanence de la crise là même où il semble résider un pouvoir d'expansion illimité. Comme dans le cas de l'argent, la spécificité du langage comme équivalent général tient à la permanence des paroles au-delà de la transaction communicative effective". Esta permanência não se limita ao livro; desde a revolução cristã, ela se juntou à força expansiva da imagem.

Voltamos a Los Angeles, a Silicon Valley, berços mundiais da produção da indústria da imagem e das NTICs (Novas Tecnologias de Informação e de Comunicação). Trata-se de um "aglomerado informe de armazéns-imagem e caos descentralizado". Tudo está naquele lugar, mas *"en vrac"* (Blanquart, 1997, p. 162). Mais uma vez, a abstração reencontra sua dimensão funcional e o capital recupera, pela sua dimensão de ícone, uma nova legitimação possível. Pois, "apenas pela imagem", na qual todo este caos se transpõe, é que "uma unidade pode se determinar" (Ibid.). Ou seja, em um mundo onde as hierarquias vão se redesenhando em função das capacidades de estar ou não no *"high-power global network"*, as estratégias políticas rearticulam-se, nas bases metropolitanas, na "constituição de uma identidade urbana contemporânea (...). *Marketing* e imaginário são altamente valorizados pelas cidades que procuram um lugar para elas na paisagem do século XXI". Uma estratégia de construção da imagem que implica a "atualização da infraestrutura, do sistema de transporte, da educação (...) ou seja, a construção de um significativo sistema de vida cultural" (Posner, 1997, p. 5). É por isso que as operações de reorganização da gestão urbana privilegiam, ao mesmo tempo, uma clara visão das novas centralidades e as operações de recuperação espetacular do patrimônio construído. Os interesses do capital incorporador reencontram as projeções políticas de normalização, estética e formal, da urbanidade. "Os elementos estéticos e formais não podem ser separados dos sociais, econômicos e ambientais, ou das soluções da equidade" (Posner, 1997, p. 9). Para reproduzir-se, o capital social precisa constituir a imagem de sua autoprodução. Neste sentido, o capital produz o simulacro da sociedade que ele quer subsumir (Negri e Hardt, 1994, p. 75).

Temos os termos de uma nova dialética entre trabalho e capital cuja crise não estaria no mero desaparecimento de um deles, mas no fato de eles não poderem mais convergir em nenhuma síntese. A crise constitui um horizonte permanente. E isso porque, por um lado, temos a potência da absorção do abstrato pelo concreto que aumenta as condições de atualização da geral virtualidade produtiva da relação social, pela recomposição inevitável do político e do econômico, de liberdade e igualdade. Por outro lado, a absorção do concreto pelo abstrato determina um aumento da eficiência só aparente da produtividade social, pois ela implica, na reprodução ampliada da contradição entre liberdade e igualdade, uma redução quantitativa da própria urbanidade e, portanto, não dos níveis de atualização, mas das dimensões globais da virtualidade produtiva.

Como apontamos acima, esta reversibilidade do parasitismo capitalista passa pela fenomenologia de uma abstração simbólica que torna produtivo o abstrato e desvitaliza as dinâmicas linguístico-comunicativas do concreto. A forma-dinheiro tem um papel decisivo nessa dinâmica do biopoder. Um papel que se funda nas dimensões mais fundamentais da forma-dinheiro, que chamaremos de *iconophiles* (Mondzain, 1996). Paradoxalmente, no momento em que o dinheiro parece desmaterializar-se e tornar-se mero sinal luminoso, é sua dimensão mais primordial que se valoriza, difundindo-se e constituindo o eixo norteador dos novos dispositivos de poder. O dinheiro torna-se marca, proliferação monetária de símbolos, patentes e *logos* que sacralizam os espaços sociais de produção e consumo, tornando a virtualidade social destes uma determinação interna à liturgia icônica do capital. A produtividade virtualmente ilimitada, indiferente a todo tipo de particularidade, que assume qual-

TRABALHO E CIDADANIA

quer forma necessária ao fim, é revertida na particularidade das formas hipostasiadas na gestão, generalizadas e proliferantes das marcas e das imagens. Produzem-se novos ícones, diretamente ligados às "formas emergentes de uma nova cultura comercial — começando pelas propagandas mas estendendo-se a todo tipo de empacotamento formal de produtos e edifícios, sem esquecer as mercadorias artísticas como *shows* de televisão (o 'logotipo'), *bestsellers* e filmes" (Jameson, 1995). Mais: Jameson relaciona esta produção ao tipo de iconofilia próprio da pós-modernidade, "uma vez que [...] a sociedade do espetáculo das imagens [...] é, pelo menos em parte, definida pela transformação maciça da própria categoria de beleza em objeto de consumo". Assim, retorna-se "à beleza", uma nova "estetização da produção cultural" que coincide com o "predomínio renovado do visual". Esta "neoestetização" do pós-moderno, diz Jameson, determina um processo contraditório ou pelo menos duplo, em que a "dominação cultural [...] é assegurada tanto por meio da criatividade interna como da influência externa". Se por um lado as imagens comerciais norte-americanas terão inevitavelmente um efeito homogeneizador, a factualidade de tal efeito só acontecerá pela produção interna das formas pós-modernas. Ou seja, quando o "preço pago pela abstração utópica [da modernidade] foi [...] a repressão da especificidade da própria situação social [...], o pós-modernismo [...] intensifica de uma maneira dialética essa formalização, pois, agora, o meio visual em si mesmo constitui o veículo através do qual vários públicos são seduzidos" mas "interpretados" ao mesmo tempo na especificidade deles. Um efeito de concretização só aparente, pois "é o próprio visual que abstrai esses públicos de seus contextos sociais imediatos, criando a sensação de uma materialidade e concretude cada vez maiores, já que o que se consome esteticamente não é abstração verbal, mas, sim, imagem tangível" (Jameson, 1995, p. 136). Entre abstrato e concreto, a iconofilia proporciona ao capital as condições de sua nova sacralização, da solução da tautologia.[4] Uma solução provisória, mas real!

A imagem transforma seu papel de mediação entre o dentro e o fora. Na medida em que a sociedade de controle caracteriza-se pela ausência de um *dehors*, a imagem funciona como vetor de reconstituição do *dehors* enquanto "local de mediação dos comportamentos e das estimulações" (Pile, 1996, p. 23-25).[5] Em termos parecidos, Paolo Perulli lembra G. Simmel para explicar como a "crescente individualização e especialização do trabalho em uma sociedade metropolitana leva ao aumento indefinido dos âmbitos sociais dos quais participa o indivíduo" (Ibid., p. 54). As trajetórias do indivíduo no mercado do trabalho metropolitano são acompanhadas por múltiplas sinalizações, bem como pelas imagens coletivas da cidade. "Encontrar a sua estrada é a função original da imagem ambiental e a base de suas associações emocionais", dizia K. Linch. Mas, na medida em que as novas demandas não se exprimem mais coletivamente, "(...) a mobilidade do trabalho e da renda é constrangida" por uma

---

4. Isso funciona também nos modos de tratamento eletrônico do espaço. Na que G. Olsson chamou de "tragédia do planejamento" (*apud* Dematteis, 1995, p. 74). "Os GIS (Sistemas de Geoprocessamento), criados como sistemas de codificação e de arquivamento do mundo a partir das categorias conceituais da geografia moderna, constituem-se na realidade em sua superação. A utilização prática destes indica um novo tipo de geografia em que (com efeito) os significantes se tornam autônomos dos significados e como tais circulam nas redes telemáticas globais, da mesma maneira que o dinheiro e o capital financeiro" (Ibid., p. 76).

5. Ou seja, "a imagem consiste no crescimento de todo conhecimento subjetivo sobre o mundo". "Image as a cognitive structure (e) image suggesting that we carry around in our heads mental maps of the world."

"chantagem individualista de massa". Ou seja, desenha-se, na paisagem global dos sinais possíveis, uma "direção de mão única" dos sinais e da mensagem que acaba desnorteando o indivíduo. "A cidade alienada é antes de mais nada um espaço onde as pessoas não conseguem traçar um mapa (mental) nem estabelecer suas posições ou conseguir ter um quadro da totalidade urbana onde elas se encontram" (Mario Tronti, apud Perulli, 1992, p. 55). Ou seja: se no taylorismo-fordismo o processo de abstração do trabalho impedia que o trabalho vivo reencontrasse a globalidade do concreto fora do capital, no pós-fordismo é a abstração do espaço que determina um processo comparável de desconstrução do concreto da cooperação. As estratégias "iconofílicas" de produção da imagem tentam relegitimar aquela função de comando que, na grande indústria, encontrava-se nos arranjos técnico-científicos. O paralelismo poderia ser quase completo se não contássemos com o fato de que, nesse deslocamento, a sociedade disciplinar se transforma em sociedade do controle, sem *dehors*. A ausência de um *dehors* não impede a reprodução da disciplina, mas faz com que ela, restabelecendo-se na sacralização do espaço pela imagem institucional, acabe entravando a cooperação produtiva e reduzindo sua produtividade. O comando se reproduz, mas não sua legitimidade. A lei não consegue manter nenhuma ligação com os fundamentos.

Enfim, podemos propor os seguintes elementos de síntese.

No taylorismo, a abstração do trabalho passava pela organização e pelo agenciamento deste. Isto é, o trabalho taylorista é abstraído por sua organização. Sua reconcretização faz-se ou pela luta negativa (bem como sua valorização implica o trabalho morto) ou pela circulação.

No pós-fordismo, o que é abstrato é o próprio trabalho, devido à forma como se insere nas condições gerais de produção. Abstrato e concreto coincidem na figura da produção de *uma subjetividade produtiva de subjetividade* (*subjectibilité*). Mas isso implica que o trabalho em geral, por cooperativo e socializado que fosse, do lado da sua determinação produtiva imanente (produção de *subjectibilité*), constituía-se na fenomenologia da fragmentação e da hierarquia do lado da subjetiva produção de riqueza (sua valorização deixa portanto as portas abertas para a retranscendentalização da lei do valor — tautológica mas não menos efetiva).

Aqui é que podemos aplicar o debate entre iconófilos e iconoclastas e ver como, na produção do discurso simbólico, para além da ideologia do fim do trabalho, esconde-se uma clara estratégia de separação sistemática e eficaz do que os processos de socialização virtualmente reuniriam (*subjectibilité* e *subjectivité*). O controle do espaço, pela sua estriagem simbólica e imaterial, constitui o elemento fundamental desse processo que faz com que subjetividade e objetividade fiquem separadas.

# Bibliografia

AGLIETTA, Michel. *Régulation et crises capitalistes*. 3. ed. Paris: s/ed., 1997 [1. ed. 1976].

ALQUATI, R. *Scritti sulla Fiat*. Milão: Feltrinelli, 1975.

ANTOLINI, A.; BONELLO, Y. H. *Les villes du désir*. Paris: Galilée, 1994.

ANTUNES, Ricardo. *Adeus ao trabalho?* São Paulo: Cortez/Unicamp, 1998.

ARRIGHI, Giovanni. *O longo século XX*. Rio de Janeiro/São Paulo: Contraponto/Unesp, 1994.

ASCHER, François. *Métapolis*. Paris: Jacob, 1995.

BECKER, Gary S. Linha dura contra a criminalidade é eficaz. *Gazeta Mercantil*, 11 jan. 1999.

BELLUZZO, Luiz Gonzaga. Dinheiro e as transfigurações da riqueza. In: TAVARES, Maria da Conceição; FIORI, José Luís. *Poder e dinheiro*: uma economia política da globalização. Petrópolis: Vozes, 1997.

_____. Ilusões perdidas. *Folha de S.Paulo*, 14 fev. 1999.

BENKO, George. *Economia, espaço e globalização*. São Paulo: Hucitec, 1994.

BERARDI (BIFO), Franco. *Lavor zero*. Roma: Castelvecchi, 1994.

BLANQUART, Paul. *Une histoire de la ville*. Paris: La Découverte, 1997.

BOUTANG, Yann Moulier. Escravagismo pós-moderno: repressão e luta dos imigrantes na França. *Lugar Comum*, Nepcom/UFRJ, n. 2/3, 1997.

_____. *Le salariat bridé. Origines des politiques migratoires, constitution du salariat et contrôle de la mobilité du travail*. Paris: PUF, 1998.

BOYER, Robert. La crise actuelle: une mise en perspective historique. *Critique de l'Économie Politique*, n. 7-8, 1979.

_____. *La théorie de la régulation*. Paris: La Découverte, 1986.

_____ (Org.). *La flexibilité du travail en Europe*. Paris: La Découverte, 1988.

CAMPREGHER, Glaucia Angelica. A quem interessa o fim do trabalho. In: ENCONTRO NACIONAL DA ABET, 5., *Anais...*, Rio de Janeiro, 1997.

CERTEAU, Michel de. *L'invention du quotidien*. Paris: Ed. UG 10/18, 1974.

_____. *L'invention du quotidien, arts de faire*. Paris: Folio/Gallimard, 1980.

CHÂTELET, Gilles. *Vivre et penser comme des porcs. De l'incitation à l'envie et à l'ennui dans les démocraties-marchés*. Paris: Exils, 1998.

COCCO, Giuseppe. Régulation, opéraisme et subjectivité antagoniste. In: VERCELLONE, Carlo; SEBAI, Faridh (Orgs.). *École de la régulation et critique de la raison économique*. Paris: L'Harmattan, 1994.

_____ (Org.). *Il mercato degli automatismi in Europa*. Milão: UCIMU, 1994.

COCCO, Giuseppe; LAZZARATO, Maurizio. Au-delà du Welfare State. *Futur Antérieur*, n. 15, Paris, L'Harmattan, 1993.

COHN, Gabriel. Esquerdas e nova civilização. *Folha de S.Paulo*, 31 jan. 1999, caderno Mais!.

COLLIN, Michele; BAUDOUIN, Thierry. *Le contournement des forteresses ouvrières*. Paris: Les Méridiens, 1978.

CORIAT, Benjamin. *L'atelier et le robot*. Paris: C. Bourgois, 1990.

_____. *Pensar pelo avesso*. Rio de Janeiro: Revan/UFRJ, 1994.

DEAR, Michael. Prende Los Angeles au sérieux: temps et space dans la ville postmoderne. *Futur Antérieur*, Paris, L'Harmattan, n. 3, 1995.

DEJOURS, Christophe. *Travail et usure mentale*. Paris: Bayard, 1993.

_____. Sobre o modelo japonês. In: HIRATA, Helena (Org.). *O modelo japonês*. São Paulo: Edusp, 1993a.

DEMATTEIS, Giuseppe. *Progetto implicito*. Milão: Franco Angeli, 1995.

DINIZ, E. *Crise, reforma do Estado e governabilidade*. Rio de Janeiro: Ed. da FGV, 1997.

DOERINGER, P. (Org.). *Invisible factors in local economic development*. Oxford: Oxford University Press, 1987.

DOMINGUES, José Mauricio. Evolução, história e subjetividade coletiva. *Revista Brasileira de Informação Bibliográfica em Ciências Sociais*, Rio de Janeiro, n. 42, 2° sem. 1996.

DORNBUSCH, Rudiger. O Brasil deixa para trás as ilusões tropicais. *Folha de S.Paulo*, 31 jan. 1999.

_____. Sigam o euro. *Folha de S.Paulo*, 14 fev. 1999a.

DRUCKER, Peter F. The Global Economy and the Nation-State. *Foreign Affairs*, set./out. 1997.

DUVIGNAUD, Jean. *Lieux et non lieux*. Paris: Galilée, 1977.

FIORI, José Luís. Globalização, hegemonia e império. In: _____; TAVARES, Maria da Conceição (Orgs.). *Poder e dinheiro*: uma economia política da globalização. Petrópolis: Vozes, 1997.

_____. A ilusão do desenvolvimento. *Folha de S.Paulo*, 24 jan. 1999, caderno Mais!.

FOUCAULT, Michel. *Il faut défendre la société*. Cours au Collége de France. Paris: Gallimard, Seuil, EHESS, 1997.

FOURASTIÉ, Jean. *Les trente glorieuses, ou la révolution invisible de 1946 à 1975*. Paris: Hachette, 1979.

FURTADO, Celso. *O capitalismo global*. São Paulo: Paz e Terra, 1998.

_____. Que moratória? *Folha de S.Paulo*, 24 jan. 1999, caderno Mais!.

GEDDES, Robert (Org.). *Cities in our futur*. Covelo/Califórnia: Island Press, 1997.

GIANOTTI, A. O público e o privado. *Folha de S.Paulo*, 2 abr. 1995, caderno Mais!.

HABERMAS, Jürgen. *Die Normalität einer Berliner Republik. Kleine Politische Schriften VIII*. Frankfurt a.M., 1995. [trad. esp. de Manuel Jiménez Redondo, *Más allá del Estado nacional*. Madri: Trotta, 1997.]

HALBWACHS, Maurice. Chicago: expérience éthnique. In: JOSEPH, Isaac; GRAFMEYER, Yves. *L'école de Chicago, naissance de l'écologie urbaine*. Paris: Aubier, 1979.

HARDT, Michael. O longo século XX: o eterno retorno do capital. *Lugar Comum*, Rio de Janeiro, Nepcom, n. 5-6, maio/dez. 1998.

HARVEY, David. L'accumulation flexible par l'urbanization: réflexions sur le postmodernisme dans la grande ville américaine. *Futur Antérieur*, Paris, 1995.

HELLER, Agnes; FEHÉR, Ferenc. *A condição política pós-moderna*. Rio de Janeiro: Civilização Brasileira, 1998.

HICKS, Sir John. *The crisis in Keynesiens economics*. Oxford: Basil Blackwell, 1975.

HILFERDING, Rudolph. *Das Finanzkapital. Marx-studien*, III, 1920.

HILL, Christopher. *Liberty against the Law*. Londres: Penguin Books, 1996.

JAMESON, Fredric. *Postmodernism, or The cultural logic of late capitalism*. Durham: Duke University Press, 1991 [trad. bras. São Paulo: Ática, 1996].

JAMESON, Fredric. *Espaço imagem*. In: GAZOLLA, Ana Lucia Almeida (Org.). Rio de Janeiro: Ed. UFRJ, 1995.

KRUGMAN, Paul. *Geography and trade* [trad. it. Geografia e commercio Internazionale Garzanti, Milão, 1996].

_____. *Internacionalismo pop*. Rio de Janeiro: Campus, 1997.

KURZ, Robert. *La fine della politica e l'apoteosi del denaro*. Roma: Il Manifestolibri, 1997.

_____. Os bobos da corte do capitalismo. *Folha de S.Paulo*, 11 jan. 1998, caderno Mais!.

_____. A capitulação do Brasil. *Folha de S.Paulo*, 24 jan. 1999, caderno Mais!.

LAZZARATO, Maurizio. *Lavoro immateriale*. Verona: Ombre Corte, 1997.

LÉVY, Jacques. *L'espace légitime*. Paris: Presse de l'IEP, 1994.

LIPIETZ, Alain. *Crise et inflation, pourquoi?* Maspero, 1979.

LIPIETZ, A.; LEBORGNE, D. L'après fordisme et son espace. *Les Temps Modernes*, Paris, 1988.

LOSURDO, Domenico. *Hegel, Marx e a tradição liberal. Liberdade, igualdade, Estado*. São Paulo: Unesp, 1997.

MALDONADO, Tomás. *Il futuro della modernità*, 1987 [trad. esp. Madri: Júcar, 1990].

MARAZZI, Christian. Le langage comme moyen de la production marchande. *Future Antérieur*. Paris: L'Harmattan, n. 35-36, 1996.

_____. *E il denaro va. Esodo e rivoluzione dei mercati finanziari*. Turim/Bellinzona: Bollati/Boringhieri, 1998.

MASON, Tim. *Nazism, Fascism and the working class*. Nova York: Cambridge University Press, 1995.

MONDZAIN, Marie-José. *Image, icône, économie*. Paris: Seuil, 1996.

MONGIN, Olivier. *Vers la troisième ville?* Paris: Hachette, 1998.

MUSTAR, P.; CALLON, M. Réseaux d'innovation. In: CURIEN, N. (Org.). *Économie et management des entreprises de réseau*. Paris: Economica, 1993.

NAPOLEONI, Claudio. Sulla teoria della produzione come processo circolare. In: BOTTA, F. (Org.). *Il dibattito su Sraffa*. Bari: De Donato, 1974.

NEGRI, Antonio. *Marx al di là di Marx*. Milão: Feltrinelli, 1979.

_____. *Il comunismo e la guerra*. Milão: Feltrinelli, 1980.

_____. *Fine secolo, manifesto per l'operaio sociale*. Milão: Sugar & Co., 1988.

_____. *Il lavoro di Giobbe. Il famoso testo biblico come parabola del lavoro umano*. Milão: Sugar & Co., 1990.

_____. Potere costituente. *Riff-Raff*, Pádua, 1992.

_____. *Il potere costituente. Saggio sulle alternative del moderno*. Milão: Sugar & Co., 1992a.

NEGRI, Antonio. A desmedida do mundo. *Folha de S.Paulo*, 20 dez. 1998, caderno Mais!.

_____. O nacionalismo de esquerda. *Folha de S.Paulo*, 7 fev. 1999, caderno Mais!.

NEGRI, Antonio; HARDT, Michael. Mutation d'activités. Nouvelles formes d'organisation. *Bloc Notes*, n. 12, 1994.

_____. *Labour et Dionysus*. Minneapolis: Minnesota Press, 1994a.

_____. *Empire*, 1999, parte I, cap. 1.1, p. 11 [manuscrito no prelo pela Harvard Press].

NEGRI, Antonio; LAZZARATO, Maurizio. Travail immatériel et subjectivité. *Futur Antérieur*, n. 6, 1991.

O'CONNOR, J. *The fiscal crisis of State*. Nova York: s/d, 1974.

OLIVEIRA, Francisco de. Vanguarda do atraso e atraso da vanguarda. *Praga, Estudos Marxistas*, São Paulo, Hucitec, n. 4, dez. 1997.

_____. *Os direitos do antivalor*. Petrópolis: Vozes, 1997a.

PERULLI, Paolo. *Atlante Metropolitano*. Bologna: Il Mulino, 1992.

PILE, Steve. *The Body and the City*. Nova York/Londres: Routledge, 1996.

PIORE, Michael; SABEL, Charles. *The second industrial divide*. Nova York: Basic Books, 1984.

PONTZAMPARC, Christian de. Préface. In: MONGIN, O. *Vers la troisième ville?* Paris: Hachette, 1998.

POSNER, Ellen. Introduction. In: GEDDES, Robert. *Cities in our futur*. Covelo/Califórnia: Island Press, 1997.

QUERRIEN, Anne. La ville en transversale. *Futur antérieur. Nouveaux territoires urbains*. Paris: L'Harmattan, 1995.

REDONDO, J. M. Introducción. In: *Más allá del Estado Nacional*. Madri: Trotta, 1997.

REICH, Robert. *The Work of Nations*. Nova York: Alfred Knopf, 1991.

REVELLI, Marco. *Lavorare in Fiat*. Milão: Garzanti, 1989.

_____. Economia e modello sociale nel passaggio tra fordismo e toyotismo. In: INGRAO, Pietro; ROSSANDA, Rossana. *Appuntamenti di fine secolo*. Roma: Il Manifestolibri, 1995.

RODRIGUES, Leôncio Martins. Para o passado ou para o futuro. *Folha de S.Paulo*, 24 jan. 1999, caderno Mais!.

ROO, Priscilla de. Marseille: de l'ère portuaire à l'ère métropolitaine. In: COLLIN, Michèle (Org.). *Villes et ports*. Paris: L'Harmattan, 1994.

SANTOS, Wanderley Guilherme dos. Gênese e apocalipse: elementos para uma teoria da crise institucional latino-americana. *Novos Estudos Cebrap*, n. 20, 1988.

SASSEN, Saskia. *Global city*. Princeton: Princeton University Press, 1991.

SCHER, Léo. *La démocratie virtuelle*. Paris: Flammarion, 1994.

SENNET, Richard. *The corrosion of character*. Nova York: W. W. Norton, 1998.

SOJA, Edwards. *Geografias pós-modernas*. São Paulo: Loyola, 1993.

SOTO, Hernan de. The Missing Ingredient. *The Economist*, 11 nov. 1993.

SOUSA SANTOS, Boaventura de. *Reinventar a democracia*. Lisboa: Gradiva, 1998.

SOUZA, José Carlos Braga de. Financeirização global. O padrão sistêmico do capitalismo contemporâneo. In: FIORI, José Luís; TAVARES, Maria da Conceição. *Poder e dinheiro*: uma economia política da globalização. Petrópolis: Vozes, 1997.

STIGLITZ, Joseph. Rumo ao pós-Consenso de Washington. *Política Externa*, v. 7, n. 2, set. 1998.

_____. Metas para o desenvolvimento internacional. *Gazeta Mercantil*, 17 abr. 1998a.

STORPER, Michael. Desenvolvimento territorial na economia global do aprendizado: o desafio dos países em desenvolvimento. In: QUEIRÓZ RIBEIRO, Luiz Cesar de; SANTOS, Junior dos (Orgs.). *Globalização, fragmentação e reforma urbana*. Rio de Janeiro: Civilização Brasileira, 1994.

TAVARES, Maria da Conceição. O Real morreu. Salvemos a nação! *Folha de S.Paulo*, 24 jan. 1999.

THOMPSON, Edward Palmer. *Witness against the beast*. Cambridge: s/d, 1994.

TRONTI, Mario. The progressive era. In: *Operai e Capitale*. Turim: Einaudi, 1970 [trad. port. *Operários e Capital*. Porto: Enfrentamento, 1978].

TYSON, Laura d'Andrea. A Few Home Truths amid Global Tumult. *Business Week*, 21 dez. 1998.

VAINER, Carlos B. *Novas realidades, velhos desafios*. Rio de Janeiro: 1995. (Mimeo.)

VELTZ, Pierre. Informatique et intelligence de la production. *Terminal*, Paris, n. 39/41, 1988.

_____. *Villes, territoires et mondialisation*. Paris: PUF, 1996.

VELTZ, Pierre; ZARIFIAN, Philippe. Vers un nouveau modèle d'organisation de la production? *Sociologie du Travail*, Paris, 1993.

VIARD, Jacques. *La société d'archipel ou les territoires du village global*. Paris: De l'Aube, 1994.

VIRNO, Paolo. *Mondanità*. Roma: Il Manifesto, 1994.

_____. Virtuosity and revolution: the political theory of exodus. In: _____; HARDT, Michael (Orgs.). *Radical thought in Italy*: a potential politics. Minneapolis: Minnesota Press, 1995.

ZARIFIAN, Philippe. *Le travail et l'événement*. Paris: L'Harmattan, 1995.

_____. *Le travail et la communication*. Paris: PUF, 1996.

# Sobre o Autor

Giuseppe Cocco é professor titular da Escola de Serviço Social da Universidade Federal do Rio de Janeiro (ESS, UFRJ) e coordenador do Laboratório Território e Comunicação (LABTeC, CFCH/UFRJ). Formado em Ciências Políticas pela Universidade de Padova (Itália); doutorou-se em História Social pela Universidade de Paris 1 (Panthéon-Sorbonne). Colaborou, no âmbito da revista francesa *Futur Antérieur* (Ed. L'Harmattan, Paris), com Antonio Negri, Maurizio Lazzarato, Jean-Marie Vincent, Yann Moulier Boutang, Michèle Collin e Thierry Baudouin. Radicado no Brasil desde 1995, leciona na área de "trabalho" e realiza diversas pesquisas sobre as dinâmicas produtivas dos territórios.

**LEIA TAMBÉM**

## Portugal:
### ensaio contra a autoflagelação

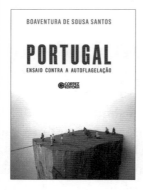

*Boaventura de Sousa Santos*

1ª edição (2011)
160 páginas / ISBN 978-85-249-1827-8

Este livro foi escrito para responder ao desafio de entender a crise financeira conjuntural e de curta duração, assim se espera, que Portugal vive neste momento e de analisar à luz de outras crises estruturais e de mais longa duração, algumas específicas do país, outras englobando a Europa e outras ainda o mundo no seu todo.

# A globalização e as ciências sociais

LEIA TAMBÉM

*Boaventura de Sousa Santos*

3ª edição (2011)
572 páginas / ISBN 978-85-249-0835-4

..................................................................

   Este livro analisa o impacto da globalização neoliberal nas sociedades semiperiféricas e nas diferentes ciências sociais que produziram a identidade econômica, política, social e cultural dessas sociedades.